入选新闻出版总署"向全国青少年推荐的百种优秀图书"

WUTAI ZHI GUANG

编委会主任

佘江涛　张　力

编委会副主任

徐　海　杨　丽

编　委

周兴安　祁　智　府建明　张　莉

统　筹

戴宁宁　覃婷婷

《大家》栏目工作人员

高洪芬　王成辉　周文福　朱　童　于　磊
王　超　葛　嘉　张也驰　朱　江

中央电视台科教节目制作中心 凤凰出版传媒集团 联合打造
"大家丛书"

郑榕传

舞台之光

李娟娟 著

江苏人民出版社

图书在版编目(CIP)数据

舞台之光:郑榕传/李娟娟著. --南京:江苏人民出版社,2021.1
(大家丛书)
ISBN 978 - 7 - 214 - 24996 - 8

Ⅰ. ①舞… Ⅱ. ①李… Ⅲ. ①郑榕-传记 Ⅳ. ①K825.78

中国版本图书馆 CIP 数据核字(2020)第 086823 号

书　　　名	舞台之光——郑榕传
著　　　者	李娟娟
责 任 编 辑	李晓爽
装 帧 设 计	许文菲
责 任 监 制	王列丹
出 版 发 行	江苏人民出版社
出版社地址	南京市湖南路 1 号 A 楼,邮编:210009
出版社网址	http://www.jspph.com
照　　　排	江苏凤凰制版有限公司
印　　　刷	南京新洲印刷有限公司
开　　　本	880 毫米×1 230 毫米　1/32
印　　　张	5.875　插页 2
字　　　数	119 千字
版　　　次	2021 年 1 月第 1 版　2021 年 1 月第 1 次印刷
标 准 书 号	ISBN 978 - 7 - 214 - 24996 - 8
定　　　价	36.00 元

(江苏人民出版社图书凡印装错误可向承印厂调换)

目录

第一章 大宅里的童年 ……………………… 1
1. 来到天津租界的"大宅子" ……………… 1
2. 传奇的大伯父 …………………………… 3
3. 压抑的童年生活 ………………………… 5
4. 难忘的启蒙老师 ………………………… 7

第二章 中学时代 ……………………………… 11
1. 走出"大宅子" …………………………… 11
2. 在大同中学 ……………………………… 13
3. 返回天津 ………………………………… 16
4. 抗日爱国的激情 ………………………… 19
5. 再次回到北京 …………………………… 21
6. "四一剧社"与"黑三"的塑造 ………… 23
7. 告别学校生活 …………………………… 25

第三章 抗战的岁月 …………………………… 30
1. 辗转来到"战干团" ……………………… 30
2. 在国民党 78 师 …………………………… 33

3. 对现实的失望 …………………………… 35
4. 逃离 …………………………………… 37

第四章　漂泊的演剧生涯 …………… 40
1. 从凤翔到重庆 …………………………… 40
2. 没有薪金的胜利剧社 …………………… 41
3. 向名艺术家"吸取营养" ………………… 43
4. 抗战胜利后的奔波 ……………………… 45
5. 从这里开始登上舞台 …………………… 47
6. 告别"奇怪人" ………………………… 48
7. 来到演出十二队 ………………………… 50
8. 从首次公演《家》开始 ………………… 53
9. 拒演"戡乱"剧 ………………………… 55
10. 苦闷中的彷徨 ………………………… 57
11. 盼望新生 ……………………………… 58

第五章　在中华人民共和国的五星红旗下 …… 61
1. 迎接重庆解放 …………………………… 61
2. 回到北京 ………………………………… 63
3. 初进"北京人艺" ……………………… 66
4. 学习与提高 ……………………………… 69

目录

第六章　踏上革命戏剧道路 …………… 72
1. 《龙须沟》诞生的前前后后 …………… 72
2. 《雷雨》的创作道路 …………………… 84
3. 反响极大的《茶馆》 …………………… 93
4. 观上海评弹 ……………………………… 104
5. 向民族传统戏曲学习 …………………… 106
6. 离开话剧舞台的日子 …………………… 114

第七章　新的脚步 ………………………… 116
1. 《丹心谱》——迎来艺术春天之第一剧 …… 116
2. 体验与创造 ……………………………… 117
3. 《丹心谱》之光 ………………………… 121
4. 重排《茶馆》后的联想与艺术探讨 …… 123
5. 走上银幕的突破 ………………………… 125
6. 《茶馆》出国到西欧 …………………… 128
7. 塑造银幕上的董必武 …………………… 133
8. 《茶馆》在日本 ………………………… 136
9. 编剧与导演 ……………………………… 140
10. 电影《茶馆》与电视连续剧《西游记》 …… 144
11. 闪光的"第二征途" …………………… 148
12. 《甲子园》——告别舞台的演出 ……… 151

第八章　多彩的话剧人生 …………… 159
1. 书画之爱 …………………………… 159
2. 朗诵的风采 ………………………… 164
3. 恩爱情缘 …………………………… 169
4. 难忘恩师焦菊隐 …………………… 170
5. 回忆老舍先生 ……………………… 174
6. 怀念周恩来总理 …………………… 177
7. 依然在前行 ………………………… 179

第一章 大宅里的童年

□1. 来到天津租界的"大宅子"

1924年秋,在济南烟酒税务局做办事员的郑士钰丢掉了工作,生活一时无着。无奈之下,郑士钰决定携妻子郭韵清与两个年幼的儿子郑庆桐、郑庆榕(即郑榕)投奔居住在天津的大哥郑士琦。此时,刚刚出生几个月的郑榕还在母亲怀抱的襁褓之中。

郑士琦虽是个下野的军阀,却因其超凡的经历而积攒下了不菲的资财。因此,对于他那座已经住上了自己一家,还有三弟、四弟和妹妹几家人的庞大住宅来说,再收留从济南投奔而来的小弟郑士钰一家四口,不过就是在他那一片众多的洋房中减少一座空房而已。

从此以后,郑士钰就和他的几个哥哥姐姐一样,再没有出去工作,带着他的妻儿一直住在大哥家里。虽然是过着寄居的日子,但生活富庶,衣食无忧。

郑士琦的"大宅子"是坐落在天津法租界三十二号路的一处洋楼。在当时洋房林立、街道整洁的天津外国租界地,郑士琦的那所由多座小洋楼组成的"大宅子"不仅豪华漂亮,而且面积庞大,几乎占据了三十二号路整整一条街。因而即

便是在地处官僚买办、旧军阀集中居住的天津租界地,郑士琦气派的"大宅子"也让周边的富人"望而却步"。

当然,对于阅历丰富的下野军阀郑士琦来说,他的雄厚资财还远不止此。除了在济南等地办的几家银号外,他还有存在好几处大银行的一百多万大洋,从而"汇成"了郑士琦滚滚不断的经济来源。因此,尽管后来几家银号或是因经理卷款潜逃,或是因股东打官司而烧去了不少钱财,但都没有让三十二号路这处"大宅子"褪去光环。每天仍是郑家的几辆汽车和洋车(三轮)随着郑宅"大宅子"的开启出出入入,来往于郑家的官僚、银行家、律师等各色人物仍是络绎不绝。至于"大宅子"里,则更是丫鬟仆人簇拥。伴随着富态威严的男主人和珠光宝气的女眷们的,是回荡在"大宅子"里阵阵的麻将牌声和缭绕的鸦片烟雾。

刚刚出生几个月的郑榕,就在这样的环境下慢慢长大。几年后,郑榕4岁了,家中也先后添了弟弟郑庆枢和妹妹郑煜华。不幸的是,这一年父亲郑士钰因病去世了。从此,母亲一人带着他们兄妹四人,继续住在大伯父家里。虽然仍是生活富庶、衣食无忧,但毕竟是"寄居"生活,郑榕在"大宅子"里度过的童年并不快乐。

童年郑榕(右一)与兄、弟、妹及亲戚家孩子

长大成人后,郑榕称自己小时候是"被寄养在这个当官的大伯父家",并称童年的自己曾"苦闷压抑"。因此,提起童年的生活,郑榕先生回忆说:"我4岁的时候,父亲就病故了。母亲带着我们兄妹四人寄居在大伯父家里。大伯父是一个下野的军阀,在天津租界的洋楼里过着高级华人的生活。记得大伯父家那座高高"大宅子"里的洋房占了整整一条街,家里还有四辆汽车和两辆洋车。此外,还有许多仆人,从管事的,到厨师、老妈子和干杂活的,上上下下,男男女女,总共有二十多人。我小时候在家里见得最多的就是鸦片烟和麻将牌。说起来,在大伯父家的生活还是比较优裕的。但都知道旧社会有句俗话叫'吃人家的饭,看人家的脸'。所以,虽然母亲带着我们在大伯家的物质生活不错,但精神上是苦闷压抑的。"①

2. 传奇的大伯父

住在天津租界里的洋房,除了物质生活充裕,精神上苦闷压抑,童年的郑榕耳朵里听到最多的,就是大人经常挂在嘴边为他讲述的,大伯父如何从一个贫苦的放牛娃成为一个威震四方的山东省督军的故事。

大伯父郑士琦的父亲,也就是郑榕的祖父,原是安徽省定远人,曾出任清朝一名小京官。父亲的薪俸虽不丰厚,但童年的郑士琦却不仅有双亲的疼爱,还能够被父母送去读书

---

① 关于文章中的引文内容,如无特别注明,均出自《郑榕自传》(中国戏剧出版社2009年版)及笔者的采访。——作者注

受教育。只可惜好景不长，母亲的突然病逝和父亲的续弦，让小小年纪的郑士琦不但从此失去了读书的机会，还受到了继母的百般虐待，最后竟被继母赶到乡下去放牛。

几年后的一天，逐渐长大的郑士琦终于扔下手中放牛娃的鞭子，逃离了乡下。凭借几年做放牛娃练就的好体格和粗浅的文化，几番周折后，郑士琦不仅投考武举中的，还当上了清朝末年的一名小军官。后来，郑士琦又投靠大军阀吴佩孚，成为他的得意门生。当过放牛娃的郑士琦不怕苦，敢打敢拼，这也铸就了他从一名下级小军官一直升到山东省督军的辉煌军旅生涯。

虽然仅仅当了一年的督军就因另一大军阀张宗昌的争斗而弃官离去，但在职位不断高升的同时，他也攫取了大量的钱财，再加上精于算计而"钱生钱"，终使从事"武行"差事多年的郑士琦获得了丰厚的家财。而下野后的郑士琦似乎更感念于亲情，对于在父亲去世后几乎没有得到什么遗产的家中几个弟妹，他毫不犹豫地将他们及眷属一个不落地接到天津，而且让他们过上了衣食无忧的生活。

从放牛娃到考中武举，再从一个最基层的炮兵队长一级级升到旅长、师长、督军，郑士琦经历了多少酸甜苦辣，或许没有人知道。但他的成长史却让"大宅子"里的郑家人引以为骄傲。尤其是他当年成功剿灭山东一伙土匪的经历，不仅轰动了鲁西大平原，更成为民国早期历史上的一件大事。

那是在1923年5月6日，山东临城车站发生了一起大劫案，车上包括美、英、法、意等国的39名外国人及二十多位中国人全部遭到绑架。这起即便是放在今天也绝对称得上是国际恐怖事件的大案，立即引起了不敢惹外国人的北洋政府的恐慌。而制造这起大劫案的元凶正是威震山东的大响马孙美瑶。经过一个多月的周折谈判,所有人质获得自由,北洋政府也把收编不久的孙美瑶"完美"诱杀,其手下及武装亦全部缴械。

山东大响马孙美瑶集团的"全军覆没",无疑让颜面丢尽的北洋政府出了一口恶气,更为鲁西平原上驰骋千年的山东响马集团历史彻底画上了句号。而亲历精密策划、具体实施的"干将"即是北洋军第5师师长郑士琦。他不仅成功诱杀孙美瑶兄弟,而且将其手下武装全部缴械,并对一千多名士兵做了妥善安置。

多年以后,郑士琦虽早已成为下野军阀,但他那段成功诱杀大响马的英雄史,仍然是郑氏家族很多人不时挂在嘴边的美谈。在儿时郑庆榕的心目中,大伯父更是一个可望而不可即的英雄。

3. 压抑的童年生活

除了大伯父的"英雄成长史",伴随着郑榕在大铁门里度过童年的,就是那座位于天津法租界三十二号路,占据整整一条街的"大宅子"了。无论是空旷的"大宅子"里的阴森,还是看人脸色、低人一等的寄居生活,都给郑榕备感压抑的童年生活留下了不可磨灭的记忆。

在郑榕儿时的记忆中,一走进"大宅子",就会看见一座挨着一座的豪华漂亮小楼。由于每座楼房里都有很多空着的房间没人住,所以不管哪一座楼里都有很多昏暗的角落。由此也常常让走进去的人胆战心惊,甚至疑神疑鬼。

大人嘴里传说的"鬼故事"更是让小小年纪的郑榕听后

舞台之光 郑榕传

感到既惊慌又恐怖。整日里不是听到一个伯母说,在哪间屋子里看见一张空着的竹躺椅向自己跑过来,就是哪个管家说,他在楼梯上看见一个陌生人的背影,就急忙跟了过去,等到好不容易追上前,却发现竟是一个没有脸的人。

经常让郑榕忘不了的,就是偌大的家里随时见到的大烟枪和麻将桌。白天点着四五杆大烟枪,晚上摆着几张麻将桌。每天灌到自己耳朵里的,不是他的几位伯母妯娌之间的吵架声,就是大伯父的几个姨太太争风邀宠的笑骂声。还有家里的大人对丫头仆人的训斥声。

小时候的郑榕就已懂得,母亲带着他们几个住在大伯家,真的是十分不易,因为要看着别人的脸色过日子。生活中几个孩子吵架总是难免的,但挨说挨骂的却总是郑榕兄弟。有时候甚至他们还会受到用人的嘲笑。他也经常看到,他的母亲即便是心里十分不情愿,也得耐着性子装出笑脸陪着那些亲戚打麻将。

常年关在"大宅子"里过着几乎是与世隔绝的生活,也让童年的郑榕对外面的社会几乎一无所知。为了不让家里的小孩子走出"大宅子",大人们还经常吓唬他们说,大街上有"拍花子"的,只要看见小孩儿,就往孩子的头上一拍,孩子就乖乖地跟着走了。然后他们就把孩子的心肝挖出来去做药。这个今天看来近乎愚昧的说教,却让当年的郑榕和家里的小孩子们吓得从来不敢自己走出家门。

不过偶尔郑榕和家里的孩子们也能够得到一次走出"大宅子"的机会,那就是在大人的带领下出去看戏。能够走出家门出去看一场戏,无疑是郑家孩子们最高兴的事。因为去看戏,孩子们就可以走出常年关着的"大宅子",可以走在大街上,看路上的行人。郑榕更是称"那也是我倍感压抑的童年生活中唯一一件快乐的事"。

走进戏院,更可以看到各色各样穿着打扮不同的看戏观众。虽然那时他还看不太懂戏,但只要大幕一拉开,看到舞台上闪烁的灯光和演员们身上的华丽服饰,似乎就什么都忘了。那一刻,舞台上的一切就像具有魔力的磁石一般深深吸引了小小年纪的郑榕,更引起了他的丰富想象。

郑榕还记得,那时去戏院里听得最多的是雪艳琴的戏。他还从大人嘴里得知,雪艳琴虽是清朝贵族出身,却是一个很有名气的京剧演员。更让他忘不了的是,有一天,雪艳琴来到大伯父家做客。

家里来了一位京剧名角儿,一时让他们这些极少见到外人的孩子们兴奋异常。郑榕只记得孩子们都挤在门缝外偷看,他自己更是有一种非常神秘的感觉,就像是在迎接一位天外来客。

4. 难忘的启蒙老师

大伯父郑士琦虽然把他的子侄们常年关在"大宅子"内,却也知道读书的重要。他在"大宅子"内开办家塾,并请来了老师。5岁的郑榕也从此和他的兄弟们开始接受中国最传统的私塾教育。虽然没有走进小学校门,读的也都是四书五经之类的国学书,却打下了很好的古文功底。郑榕有5年这样的家塾教育,因而无论是在家塾的学习,还是对启蒙老师的记忆,都成为郑榕童年生活的一段难忘的回忆。

家塾里只有一个姓孙的老师,原是请来给大伯父的独生子教书的。那时候有钱的人都愿意让孩子学英文,准备大了好出

国,这位孙老师不会外文,只好留下来教郑榕兄弟了。

进书房的第一天,郑榕记得很清楚,先是向孔子牌位磕头,接着就看见了书房的桌上摆着的两个新制的木戒尺,差不多有2尺长,半寸厚,当时说是打学生手心用的,但在他的记忆中,两个木戒尺是从来没用过的,不过是按照过去私塾的旧例摆摆样子而已。

郑家家塾的孙老师

孙老师给他的印象就更清楚了。那时的孙老师40岁上下,两撇金黄的胡须,身材微胖,面带笑容,说话声音很低,见人老是低声下气的样子。总之,孙老师给人的感觉就是个典型的旧文人。

时间长了,郑榕还发现,孙老师不仅精通古文辞赋,会画山水画,刻图章,而且书法也很好。此外,孙老师还钻研医书,家里人不管是谁,有个头疼脑热的就来请他号脉,开个方子,他也从不拒绝。但是郑榕知道,大伯父一家人是不请孙老师看病的,他们有病总是请西医。西医是坐着汽车来出诊的,有时是外国大夫,诊费自然是极高的。

郑榕进书房上学时才5岁,虽然从读《幼学琼林》开始,但是由于年龄小,所以什么也不懂,只知道整天爬上爬下地胡闹。孙老师呢,任着孩子玩闹,自己一个人坐在他的桌旁写字画画,画好了挂在墙上,自己欣赏几天,就卷起来放在一边了,有时还吹吹笛子,哼两句昆曲,像个女人在哭,这时在一旁只知玩闹的小郑榕也会愣愣地看上一会儿。

后来长大一些,郑榕听母亲讲,孙老师生不逢时,自幼苦学的满腹学问因为时代变迁已经没有用武之地了,好不容易找个家馆,哄哄孩子纯属为了养家糊口。

母亲还告诉他说,孙老师的家境很贫困,老婆瘫痪在床,也没有孩子。母亲的话不由让郑榕想起孙老师的穿着。孙老师的衣服很少,只是冬夏各有一件长衫,而且已经洗得褪了色。虽说是这样,但他总是把长衫熨得整整齐齐,进了书房在孩子们面前就脱下挂起来,遇上有大人进来,再赶紧穿上。

孙老师的一天三顿饭都是由下人送到书房来吃,平日里他对下人很客气,又因为教的都是和郑榕一样地位的孩子,所以他在郑榕伯父家里的地位自然也随之降低一等。

书房的隔壁是郑榕大伯父的独生子专用的书房,请来的是一位高度近视的老小姐,专门教他英语。在郑榕的印象中,这个老小姐从来没和孙老师讲过话。孙老师当然明白自己所处的地位,为了一日三餐,他必须默默地忍受这一切。

郑榕还看到,孙老师因为经常遭到别人的白眼,所以除了画画、写字和看医书外,他也爱背着手在那间不太大的书房里来回踱步,有时喝上一杯酒,两眼便红红的,像是含着泪的样子。

这是一个满腹经纶却又地位低下的旧军阀家塾老师的真实面貌。而对于寄居在大伯父家正处在读书年龄的郑榕来说,心目中无疑更对他的启蒙老师充满了无限的同情。因此即便是在后来离开天津"大宅子"的日子里,孙老师的一切仍然深深地留在他的记忆中,特别是社会的变迁给孙老师后来的生活带来的巨大变化,更是让他难以忘怀。

后来郑榕兄弟到了上中学的年纪,母亲又去向大伯父再三请求,他们终于搬出了那个"大宅子",到北平去另过了。

孙老师却因为无处可去,只好继续留在那里做一个寄食者,他的日子也越来越不好过了。

一年春节,郑榕和母亲去天津大伯父家拜年,他到楼下书房里也给孙老师磕了个头,不想孙老师吓坏了,竟扑地跪倒在郑榕的面前,连声对他说:"二少爷,不敢当……"

郑榕最后一次见到孙老师,是在中华人民共和国成立后。1951年,郑榕在北京剧场演出《龙须沟》。一天散戏后,他坐在后台卸妆,突然一个观众闯进后台直接奔向他的跟前,原来是孙老师。

只见他穿了一身肥大的干部服,红光满面,笑声不断,郑榕觉得他的精神状态和以前判若两人。原来中华人民共和国成立后,孙老师终于摆脱了"大宅子"里的屈辱生活,在北京市卫生局找到了工作。他的学识也由此受到重视,他很庆幸自己得到了新生。由于心情愉快,他忘我地投入工作,却没有想到,因为劳累过度,孙老师竟在一年后不幸病逝了。

在家塾教过郑榕的孙老师让他难忘,提起孙老师坎坷的一生,郑榕更是无限感慨。因此,晚年的郑榕先生回忆说:"多年以后,我内心才感到歉疚,一是幼时的愚顽,面对名师却没有学到什么东西;二是对老师尊敬不够,在他去世前也没有去回访他。他的一生引起我的深思,知识分子最大的痛苦就是辛辛苦苦学来的东西竟没有用武之地。然而,这在旧社会是不可避免的。今天改革开放的大环境为知识分子提供了无限广阔的舞台,若孙老师九泉之下有知,定会感到无比欣慰。"

宽敞近乎阴森的大宅子,衣食无忧却并不快乐,几乎是与世隔绝的寄居生活;没有上过小学,只在家塾中接受教育,始终难忘儿时的启蒙老师。这就是自幼丧父的郑榕的童年。

第二章 中学时代

□1．走出"大宅子"

转眼到了1934年,郑榕兄妹和母亲在"大宅子"里的日子,也整整过了十年。眼看着郑家兄妹一天天长大,郑榕和哥哥郑庆桐也到了上中学的年纪,母亲郭韵清终于又鼓起勇气来到郑榕大伯父的房间,再一次请求这个大家庭的主人,让她带着孩子们走出去生活。

这样的情景,"大宅子"里已经出现了很多次,但郭韵清的请求却始终未能实现。虽然如此,她却从没有放弃摆脱"大宅子"生活的愿望。这个来自山东潍坊一个旧中国没落地主家庭的女子,虽然命运让她早早失去丈夫,又没受过正式教育,却性格坚强,正直善良。她不甘于"大宅子"里寄人篱下的生活,也时时不忘教诲儿女讲仁义道德,更深知儿女读书受教育的重要。因而尽管走出"大宅子"的请求一次次遭到拒绝,她仍然一次次地提出,以她柔弱的身躯,一次次地和命运抗争。

或许是郭韵清的执着感动了大伯父。"大宅子"的主人——郑榕的大伯父终于有一天,答应了郭韵清的请求,并

拿出了一笔足够他们一家五口人生活的资金。于是很快,母亲带着郑榕兄妹四人走出了他们生活了整整十年的"大宅子"。

坚强的郭韵清带着孩子们不仅走出了租界地的"大宅子",而且离开天津来到了北京,她要让自己的儿女在文化浓郁的北京城走进学校,接受正规的教育。靠着昔日下野军阀为他们存在银行里的十万大洋,一家人很快就在北京东城东堂子胡同找到房子安置了下来。不久,郑榕和哥哥也走进了和自己家只有一墙之隔的北京大同中学。

从与世隔绝的家塾到老北京城的中学,从高大华丽的租界地到文化浓郁的古都,刚刚走出"大宅子"成为北京中学生的郑榕,虽然对眼前的一切感到新奇、陌生,甚至有些畏惧,却很快就被古老的北京城独具的文化底蕴深深吸引。他喜欢北京四合院的静谧,也喜欢胡同里回味悠长的叫卖声和老北京风味儿十足的天桥、庙会,还有什刹海和天坛高大幽深的古树,以及北京的京戏。

走出"大宅子"的新生活,让中学生郑榕兴奋、沉醉,古老北京城充满文化风情的一切一切,更是深刻地留在了他的记忆中。

在年少的郑榕心中,这座文化古都表面看来迟缓沉静。无论是单调的驼铃,沉重的水车,还是嘹亮的鸽哨,胡同的叫卖,好像都被囊括在那巨大的苍穹里了。

从天津到北京,郑榕更感到,北京所不同的,是比天津租界要浓郁得多的泥土气息。因此他经常边在心里默诵着"咸阳古道音尘绝……"。边踱步在什刹海附近的大道上,大道旁那些上百年的参天大树也常常引起他的一些遐想。

还有厂甸的风车,白云观的老道,西直门外的毛驴,天桥的游艺场……都让郑榕大大开阔了眼界。

北京的京剧也一直在郑榕心中挥之不去。他知道北京人热爱京剧。当时富连成正处在鼎盛时期,他们的演出整齐严肃,很吸引人。有时看过戏后,郑榕也会和兄弟们在庙会上买一些下边插猪鬃的纸扎戏人,回到家后,他们就把戏人放在家中原本搁放茶壶茶碗的铜盘里,接着再用手不停地敲铜盘,于是那些扎着猪鬃的戏人便纷纷挥舞刀枪,团团乱转,孩子们更是看得一个劲儿地咧着嘴乐。

郑榕爱看京剧,也爱回来学着比画唱上几句。所以除了买猪鬃戏人,他也买了一些京剧唱本。等回到家,自己就披上床单,照着背唱。有时他也会刀枪宝剑的,乱打上一通。但那时候他不爱听京剧里的青衣老旦。后来到了老年回想起来,他才感到没听过程砚秋的唱,真是很大的遗憾。

□2．在大同中学

郑榕刚刚走进大同中学不久,北京城就爆发了著名的一二·九运动。那是在1935年12月9日,北京城大、中学生及爱国民主人士数千人走上街头游行,揭露日本帝国主义侵占我国东三省并吞华北的阴谋,抗议南京国民政府的妥协投降政策。这次运动,不仅让中国人民认清了日本强盗侵略者的真实嘴脸,更促进了中国人民的觉醒,激发了国人一致对日抗战的决心。

眼看着身边许多学生高喊"打倒日本狗""全国武装起来,保卫华北"和"打倒卖国贼"等口号,他们散发传单、上街游行,最后遭到军警的围捕。对外面世界还懵懵懂懂的郑

榕,也第一次领略了自己所置身的社会那近乎残酷的真实生活。

那天早上,和每天一样,已是中学生的郑榕吃完早饭,就去上学。不想刚刚走出家门不远,就看到一排排军警已在学校门口站满。一派阴森的气氛中,只见林立的军警队伍里枪上的刺刀闪着寒光,警察们更是如临大敌般个个笔管条直、神情紧张,一动不动地盯着学校大门口。

从小就被关在大铁门里几乎与外面世界隔绝的郑榕何曾见过这样的"阵势"。惊讶之中,他更感到了恐惧。而走进学校大门看到的情景,更让他在惊呆和恐惧中受到了震动。校园里早已站满了学生,他们个个情绪激昂,手里高举着标语,衣兜和书包里塞满了传单。不承想再回过头来时,学校的大门已经被门外的军警关严了。于是,几个领头的学生隔着学校大门轮番向外面的军警喊话。高举着标语的同学们簇拥着向大门奔去,无奈大门已经被军警封住,任你学生怎样喊话,怎样冲挤,都始终无法走出被军警们牢牢封住的大门。

一心要上街游行的大同中学学生就这样被困在了学校里。眼看着过了中午,里面的学生都饿着肚子,外面的军警依然把着学校大门。从来没受过如此"待遇"的郑榕经历了一阵难熬的饥饿后,终于觉得实在受不了了,便找到哥哥。于是兄弟俩一起跑到和自己家一墙之隔的学校操场,冲着墙那边就喊了起来。

很快,墙那边的母亲听到了喊声,她立刻派人给墙头搭上了梯子。随着郑榕和哥哥翻过墙头,后边也跟着上来了同学,于是很多同学都跟着翻过墙头,终于冲出了被困了大半天的学校。这段经历,后来郑榕先生曾有如下回忆:

宋哲元一早派兵把住了校门,把我们锁在学校里边一天,到了下午,我实在饿极了,就隔着操场的墙喊家里来救我们。我们家临近学校操场后院,家里就派人搭上梯子,把我们接回家去吃饭。这时,大批手里拿着标语和传单的学生像过云梯一样争先恐后地从梯子上跨过去,潮水般地借着这条路冲出了我家的大门。

轰轰烈烈的一二·九运动,对于刚刚来到外面世界的中学生郑榕来说,无疑是一个不小的冲击和震动。虽然他觉得那些举标语发传单的学生深不可测,但他心里很敬佩他们,正是他们让他认识到了外面的世界,懂得了爱国抗日的道理。这是走进大同中学的郑榕对外面世界接触到的第一个"重大"事件。

虽然已经成为一名中学生,他却对学校里的一切都感到陌生和不适应。不管是五花八门的各类学习,还是课下同学们之间的热烈交谈,他都因感到陌生和胆怯而无法与大家融在一起。至于以前家塾里从没有上过的体育和音乐课,就更是一窍不通了。为这,郑榕没少遭到同学们的嘲笑,他也感到很伤自尊,甚至有时会觉得在同学面前抬不起头。

虽然如此,但命运赋予中学生郑榕的,似乎并不都是自卑与烦恼。语文就是他最喜欢的课,他喜欢听语文老师讲解文学作品,也喜欢回答老师的提问。当然最高兴的,还是语文老师让他在课堂上当众为同学们朗读课文。这个时候的郑榕,没有自卑,更没有畏惧,而是通篇流利地把课文朗读完毕。为此,他没少受到老师的表扬。老师不仅总是夸他口齿清楚,而且总是让他在班上朗读课文,尤其是有外面来人听课时,更是喜欢让郑榕出面朗读课文。这也是初到外面世

界，对一切都感到陌生和畏惧的中学生郑榕唯一快乐的事。

　　因为朗读课文口齿清楚流利，很少在同学面前"显赫"的郑榕也得到了登台演剧的机会。虽然排练了半天最后只得到了一个没有一句台词的"旦角"角色，但却是后来成为表演艺术家的郑榕几十年表演艺术生涯的开端。

　　那时大同中学每年都要举办两次演出活动，是租青年会的剧场，一般是白天演话剧和小节目，晚上唱京戏。当时高年级学生排练《五奎桥》和《梅宝》等话剧。郑榕班里排了一个独幕剧《刘三爷》，叫郑榕演刘三爷。等到排出后又说他不像老头，结果没被通过。后来临时改演《请医》，让他扮演病人的妻子，穿了件花旗袍，打了一脸白粉，虽说只是男扮女装演了个"旦角"，又没有一句台词，但这是郑榕首次登上舞台。

　　北京古都浓郁的文化风韵，一二·九运动的风暴，第一次登上舞台表演。这一切一切，都深深吸引着刚刚走出天津租界地"大宅子"的懵懂少年。然而战争的爆发，又让中学生郑榕的生活发生了变化。

□3．返回天津

　　1937年7月7日，随着卢沟桥的炮声，日本侵略者的铁蹄踏进了北京城。大伯父想到侄儿一家沦陷在日本人魔爪之下，立刻派人给住在北京的郭氏母子发了一封电报，叫他们立即返回天津租界。

　　接到电报的母亲有些惊慌，顾不上收拾家中的行李和家具，只简单打点一下就匆匆忙忙带着郑榕兄妹回到了天津。在大伯父的安排下，租界地里的生活虽然仍是衣食无忧，但成为中学生的郑榕已经开始懂事了。他没有想到,在国土沦丧、民族危机的时刻,天津租界里却处处是奢靡腐化的堕落生活。

大街上依然繁华,汉奸、流氓打手更是耀武扬威、招摇撞骗……学校里的风气也非常不好,经常是打架斗殴,一片混乱,没有一丝抗日爱国的激情。经历了北京一二·九运动的郑榕,不由心中升起悲愤和忧伤,他想不明白,为什么这些人不知亡国之耻。他更不知,自己心中激起的抗日热情去向谁倾诉。

所幸的是,他还能够看上一些电影,特别是能够看上不少当时正处于美国好莱坞鼎盛时期的影片,这对于正在上中学的郑榕来说,不仅弥补了空虚苦闷的生活,更为他日后从事的表演事业打下了良好的基础。

在卢沟桥的炮火中,郑榕从恬静的梦境中惊醒。虽然大伯父用电报把他们一家召回了天津避难。但郑榕却深深感到自己已经置身于一个处处霉菌丛生、更加动乱的天津。他看到,一些奸商囤积居奇,一夜间就成了暴发户。租界内虽

在天津上高中的郑榕(后排右起第8人)

舞台之光 郑榕传

是一片灯红酒绿，但谁都知道，那不过是将处在水深火热之中的老百姓掩埋在最底层之下的一种表面的繁华景象。更为可怕的是那些诱人堕落的、看不见的陷阱已遍布四周。

郑榕的同学中，就有几个家中不是官僚、汉奸，就是暴发户的。他学校的校长就是一个军阀。同学们经常看见那位军阀校长穿着缎子袍褂，坐着锃亮的包车，还有一个保镖跟在车后推着跑。

有这样的校长，校园里的"军阀混战"之风就更不用说了。有一天，学校里发生了两派夺权。郑榕只看见那座楼里的教室每个窗户后面都站着手持棍棒的人。只是片刻之间，所有窗户的玻璃就都被打碎了，紧接着，书桌椅子又从楼上的窗户往外扔了出来。郑榕只觉得当时的场面是那样恐怖，令人不寒而栗，全然没有了校园里读书学习的美好场景。

这个时期，少年郑榕已逐渐成长为青年。刚刚从封闭的家庭走向社会，他的心中，还怀有对社会的陌生和畏惧，这反而在不知不觉中，为身处灯红酒绿花花世界的郑榕筑起了一层无形的保护伞。

他从不走进光怪陆离、充满靡靡之音的舞厅，也不踏进奢侈污秽、醉拳声声的酒楼半步，打群架、耍流氓的事更是跟他不沾边。一天天长大的少年郑榕唯一的乐趣就是看电影。像好莱坞文艺片《钟楼怪人》《悲惨世界》等，还有些进步影片如《北极星》、长动画片《白雪公主》《木偶奇遇记》等。郑榕不仅被这些好莱坞电影深深吸引，更为那些表演大师如查理·劳顿、劳伦斯·奥利佛等创造的许多不同的鲜明形象惊叹不已，当然也为那一片童心的动画片里的小动物流过眼泪。

那个时期的郑榕还没有开始大量阅读文学作品，因此，从另一方面看，这个时期观看了众多的好莱坞影片，更弥补了他在文学上的无知和奠定了他对表演艺术的热爱。

□4．抗日爱国的激情

在租界里灯红酒绿、堕落无聊的环境中，有时也会发生让郑榕为之震动的事。那就是听到身边有的同学逃走奔赴抗日前线打鬼子，或是某某投敌的汉奸被处死的消息。比如一个伪联合准备银行的经理在大光明电影院被人用枪打死；还有在志达中学校园内，一个反水投敌的汉奸也被人处死了。这些锄汉奸的事虽然不知道是什么人干的，但却让很多爱国的中国人拍手称快，郑榕更是认为他们是了不起的大英雄，从心底里佩服他们。

哥哥郑庆桐更是亲自参加了锄汉奸的行动。一次是为配合锄汉奸，他冒着大雨去光陆电影院画地图。还有一次是他跟几个同学轮班到胡同里的一个汉奸家门口监视。哥哥参加的"锄奸"行动虽然没有像亲手处死汉奸那么轰轰烈烈，但也让郑榕十分羡慕。他很想和哥哥一起出去，以表示自己抗日爱国的决心。可惜年龄还小，他始终没有得到亲身参加这类活动的机会。

初三那年，郑榕终于有机会在班上为同学们演出了一部歌颂抗日英雄的话剧。

虽然不是亲自参加抗日锄奸的活动，但能够为同学们演出抗日的话剧，也总算是表达了自己心中那份抗日爱国的一片激情。郑榕在班里参加演出的话剧名字叫《最后一计》，是写一位抗日游击队英雄的事。他在剧中演马百计。虽说这不过就是一次为班里的演出，却让少年郑榕又一次在同学们

面前显露出他的话剧表演才能。

　　为班上演出话剧后不久,郑榕曾两次被同学介绍参加天津女青年会组织的业余话剧团。应该说,这就是他在班上演出话剧《最后一计》的"效应"吧。

　　第一次是一个叫戚剑鹏的同学,他介绍郑榕参加的是天津女青年会话剧团。这个组织曾两次组织业余剧团,都约郑榕参加了。当时的天津女青年话剧团要求每个人每月都交会费,每星期六活动一次。

　　几个月后,这个话剧团终于要拍戏了。戏的名字叫《回家以后》,郑榕在剧中扮演的角色叫陆治平。接到角色后,郑榕开始认真准备台词。没有想到,他只和别的角色对过一遍台词后,大家就再没有进行排练。

　　又过了几天,正在等待排练的郑榕接到了剧团要开会的通知。欣然前往的郑榕得到的结果却是,剧团把所有原来准备参加《回家以后》演出的人员召集在一起,开了个茶话会。一直到这时,郑榕才知道,这部话剧不再排练演出了。郑榕后来回忆说:"茶话会开完,我们的话剧《回家以后》就算是全部结束了。"

　　就这样,中学生郑榕为班里同学演出话剧《最后一计》后,由同学介绍的第一个出演角色的机会泡汤了,而那个第一次组织的天津女青年话剧团也随之自动解散了。过了一阵子,郑榕才听说,这部《回家以后》之所以没有排成,是因为日本人找人放火捣乱。既是如此,话剧排不成,剧团解散,也就不足为奇了。

　　郑榕第二次接受邀请排话剧,是在这件事过去了差不多半年后。当时是来了另一批人又重新组织起了同名称的天津女青年话剧团。虽然和第一次组织的话剧团名称相同,但是这一次,组织的人员和活动的地点都换了。

这一次,是另外两个同学介绍郑榕参加的。他们排练的话剧叫《获虎之夜》,可是又没想到,这一次更不如意了。郑榕和演员们还没排练,刚把剧本拿到手,他们之中就有两个人被日本宪兵队抓走了。就这样,女子青年会第二次组织的话剧团又被迫解散了。

虽然两次被邀出演话剧,都没有能够登上舞台表演,但在"霉菌丛生"的环境中能够得到演出、排练抗日话剧的机会,尽管其过程不那么尽人意,却是表演艺术家郑榕曾经走过的艺术之路,也可以说是当年的中学生郑榕在苦闷生活中的一点儿收获吧。

5. 再次回到北京

转眼到了1941年。夏末的一天,一个从前在天津大铁门里干过差事的人突然找到郑榕的母亲,见了面就急匆匆地说,他在日本宪兵队看到了她的大儿子郑庆桐的名字。虽然心里很明白,这个曾经的郑家仆人是在吓唬她,不过就是想讹诈一些钱,但是母亲仍然很害怕,更何况她知道自己的大儿子确实参加了抗日活动。于是想都没想,母亲就连夜带着孩子们逃离了天津。

一别三年,一家人又回到了日本侵略者占领的北京城。在东城交道口头条二十五号安顿下来后,郑榕考进了由美国长老会办的崇实中学,在这所当时还有美国人教课的学校里,郑榕开始了高中二年级的学习。

重新迈入学校大门,走进课堂学习的那一刻,郑榕不由

舞台之光 郑榕传

心中一阵感慨。他想起几年前在大同中学第一次登台演出的情景，也想起了在天津为班里同学演出的《最后一计》，还有在天津女子青年会的排练。这一切一切，让17岁的中学生郑榕的心中又燃起一股登台表演的欲望。

回到北京后不久，郑榕有机会看了一场当时的北京剧社演出的话剧《日出》。这场演出，不仅深深吸引了郑榕，更唤起了在他心中埋藏许久的演剧梦想，他从心底里佩服剧社那些演员的表演，更渴望有朝一日自己也像他们那样在舞台上展示风采。

在北京上高中的郑榕

其实早在大同中学首登舞台在话剧《请医》中扮演病人的妻子时，郑榕就对自己的表演有了信心，虽说他在剧中只是男扮女装演了个太太，又没有一句台词，他却在心底里更坚定了对话剧表演的热爱。看了这场北京剧社演出的话剧《日出》后，更是唤醒了他的演剧梦想。他只觉得剧中的很多角色都演得非常好，演员们塑造的那些人物形象是那样鲜明，那样生动。在他的脑海里留下了很深的印象，以至令他终生难忘。

他还觉得，这些演员的表演没有一般化，他们能把人物演得很火，很深。比如懒散无神的潘经理幕后却进行着一场尔虞我诈的残酷争夺，孤芳自赏的胡四一张口竟那样粗俗丑陋。他更没想到，舞台上的人物形象是经过显微镜透视，比生活中见到的更为夸张，更为鲜明。演员是怎么"变成"另一个人的呢？他感到惊奇，也无比神往。

□6."四一剧社"与"黑三"的塑造

几个月后,郑榕终于得到了报考当时在京城小有名气的"四一剧社"的机会。那是在1941年底,有一天,郑榕看见报上登载了"四一剧社"招考演员的消息,就立刻报了名。

"四一剧社"的基本成员大都来自北京剧社和育英剧团。虽然不过是个业余组织,对所招收演员的考试却是一丝不苟。郑榕参加的考试是在中南海里举行的。主考人是当时有名的老中旅导演陈绵博士。这位导演早年曾经留学法国,也翻译过一些外国剧本。

"四一剧社"整个考试的过程可说是非常正规也很严格,因而接到被录取的来信时,心中一直忐忑不安的郑榕真是大喜过望。

成为"四一剧社"的演员之后,终于可以浅尝话剧表演快乐的郑榕很快就积极投入到剧社的话剧演出中。因为是个业余组织,所以"四一剧社"的演员们排戏是从没有任何报酬的,但郑榕仍然很高兴能够参加演出。特别是第一次参加公演时的情景,他一直牢牢记在心里。

当时"四一剧社"正在排演话剧《北京人》,担任导演的陈绵就让刚刚来到剧社的郑榕在剧中演一个警察。虽然这又是一个没有名字的舞台角色,但却是他第一次参加"四一剧社"的公演,因此,那次"只演一个无名无姓警察"的演出让郑榕终生难忘。

终于到了公演那天,郑榕只觉得既兴奋又紧张。他老早就到了后台,请人给自己化了妆,穿上了服装后,他仍然抑制

舞台之光 郑榕传

不住地一阵阵心情激动。尤其是对后台的一切,他都感到新奇,什么风车怎么吹响,那个鸽哨怎么发音,还有什么演员的胡子怎么粘法……他都想摸一摸,问一问,总之就是根本静不下心来。直到遭到别人几次申斥后,他才躲到角落里去候场。

一直到戏的结尾才轮上扮演警察的郑榕登台出场。虽然戏份并不多,台词也没几句,可是他觉得自己还是有些紧张,好像上台后就"晕"了。他只觉得眼前五颜六色的灯光在闪烁,脚下就跟驾云一样,台词就更惨了,都不知道是怎么说出去的,等到从舞台下来后,半天还面红耳热的。

第一次参加"四一剧社"话剧《北京人》公演,虽不免露了些"窘相",却为郑榕日后的舞台表演又进一步铺开了道路。

那个年代,北京的话剧观众还比较少,喜欢看话剧的大多是买不起票的中学生。于是在半年后,也就是1942年的夏天,"四一剧社"组织了一次小剧院演出。郑榕和当时"四一剧社"的演员们一起演出的剧目有《日出》《雷雨》《天罗地网》等。

也是在这一次小剧院演出的话剧《日出》中,18岁的郑榕第一次在舞台上出演了有名姓的角色黑三。年轻的郑榕很珍惜这次扮演黑三的机会,他的努力也得到了导演陈绵的肯定。

对于在舞台上黑三形象

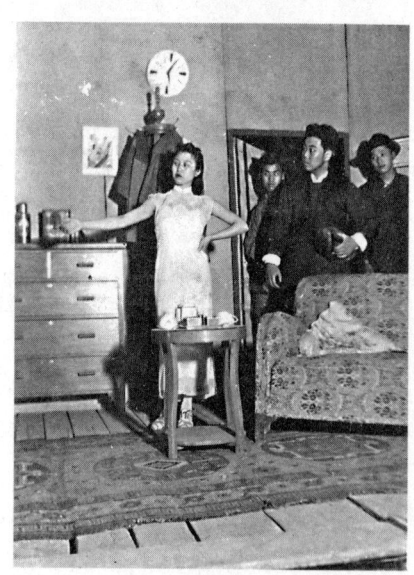

18岁的郑榕在《日出》首次扮演有名姓的角色黑三

较为满意的塑造,郑榕自己也做了总结。他觉得,除了自己的努力,与自己曾在天津租界里的生活经历分不开。在天津租界,他曾见过不少像黑三那样的流氓。因此在登台表演时,他的眼前似乎又出现了在天津租界那些曾"见识"过的人的影子。

于是他很自然地模仿他们的姿态,再借助化妆和服装,他演黑三的自信心更强了……郑榕终于在舞台上"经历"了一次流氓的生活,他觉得,这是一次奇异的经历。一直到演完后走下舞台,他仍然久久不能平静。也因此,郑榕说,他在《日出》中对黑三的塑造,比起第一次在《北京人》中扮演警察的表现,要进步多了。

"四一剧社"演出的剧场是在西单商场旁边的一个电影院里。虽然卖座情况并不好,有时候都到开幕前了,大家还坐在剧场前厅数观众,一直到入场够二十人以上才开幕。但是郑榕对话剧表演的热劲却越来越高。在这以后,他又接连参加了几场演出,像《正在想》里的哈哈笑,还有《红楼二尤》里的贾琏等。随着出演角色的增加,大家也开始承认郑榕能演戏了。

7. 告别学校生活

1941年12月,日本空军偷袭珍珠港美军基地,太平洋战争爆发。在话剧舞台刚刚展现身手的郑榕也随之惊醒了表演之梦。随着战争的深入,日本侵略者在中国的统治更加残忍凶暴。他们在天津和上海公开侵占了原来的租界地,在北京更是将美国人办的医院、学校全部据为己有。战争更让中

舞台之光　郑榕传

国的老百姓遭受了苦难，除了物资的匮乏，就是疾病的流行。郑榕一家也过上了社会最底层苦难老百姓的生活。

自从母亲带着郑榕兄妹四人搬离天津"大宅子"的洋房之后，一家人一直靠取大伯父给的那笔存在银行里的钱的利息为生。但是在太平洋战争爆发后的1942年，日军占领了天津租界后，就将租界内所有银行的存款全部折合成了几乎是一文不值的伪钞，也就是说，一家人赖以生存的存款突然"蒸发"了。这一下，郑榕的家就彻底破产了，一家人的生活也随之发生了巨大的变化。

郑榕母亲

从衣食不愁到经济来源被切断，危难之中，郑榕的母亲一人挑起了生活重担。她遣散了家中的用人，自己承担了全部家务劳动。接着为了维持一家人生计，又开始变卖衣物和家具。从此，郑家桌上的饭菜质量一天天降低，为了孩子们，母亲最先吃上了窝头咸菜。

在日本侵略军的铁蹄下，老百姓的日子就更苦了。侵略者不仅疯狂地掠夺华夏大地的物资，还对北京的老百姓实行配给制。每天，为买粮食，胡同里的穷苦人辛苦排长队，好不容易才买到手的配给粮食，却是吃在嘴里咯吱作响的"混合面"。

学校里教课的美国人被赶走了，课程表里也增添了日语和读经的课程。大街上的景象就更别提了。每天去学校上课时，郑榕常常会在路上看到有人饿死在街头。随着传染病的爆发，很多人得了又拉又吐的"霍烈拉"。

胡同里只要发现有人被传上了,整条街就被封锁,然后就是大卡车整车地往城外拉死人。有时还放火烧房子。弄得人心惶惶,不可终日。耀武扬威的日军喝醉了酒,就在街上乱哭乱唱,丑态百出。

高中毕业后,郑榕考进了当时的国立北平艺专,虽然学习的是自己喜爱的油画专业,但国家的危亡、人民的苦难,却让这个心中早已积满爱国热血的青年再也无法在这样的环境下生活了。

离开北京前在北平艺专的郑榕

身边已经有很多学生都先后逃离北京城奔往延安或是重庆,这更让郑榕下决心离开北京城。

郑榕的大哥当时在辅仁大学读历史系,他也几次要走,可是母亲舍不得。听说西山后边有路可以投八路军,后来又听说有两个崇实中学的同学刚从西安回来,郑榕就立刻去找了他们。一个同学对他说:"你回去就准备好行李,哪天走我通知你。"郑榕听了,心里真是高兴极了。要知道那时有多少青年学生都想逃离北京呀!

艺专一个姓王的女同学,虽然已经结婚,年龄也比郑榕大,

舞台之光 郑榕传

但她仍然十分向往解放区。当她得知郑榕要离开北京城的消息时,很受震动。就找人约郑榕到图书馆,当面对他说:"听说你要走了,多么羡慕你呀!希望你能为我们开一条路。"

郑榕知道这个女同学平日里是一个很不爱说话的人,可是这时却让人约他当面说出她的心里话,当时就感到这个女同学盼望逃离北京城的急切心情,他不由更为自己即将奔向抗日之路而激动。

焦急盼望和等待的日子过去了一个月后,仍然没有得到什么消息,郑榕按捺不住又找到了那个同学。大概是被郑榕坚决抗日的决心所感动,他终于对郑榕说:"你买明天去商丘的火车票吧。"接着他又指着屋子里两个郑榕不认识的人说:"这两个人和你一同走,你们在火车上不要说话,下车后,他们会把你带过去。"

在同学的帮助下,郑榕的逃亡出走就这样定了下来,母亲虽然舍不得让他走,但她也知道拦不住自己的二儿子。没有走成的大哥很替郑榕高兴,也非常支持他逃离北京城。

在当时的历史环境下,一个普通的艺专学生能够逃亡出走,也是很不容易的。因此,郑榕能够逃离北京城,既离不开朋友的帮助,也让很多爱国青年羡慕。心中注满了抗日情结的热血青年郑榕更是兴奋。

临走时,踌躇满志,一心要逃离亡国奴屈辱生活的郑榕还特意画了一张手持宝剑的自画像,他觉得这张画大有"风萧萧兮易水寒"之感。

第二天,郑榕告别了母亲,满怀着一腔抗日激情,逃离了北京,大哥亲自为他送行。当火车开动,大哥朝他挥手的时候,郑榕心中一震,一股不舍的兄弟之情油然而生,他不知这一别,何时才能见到大哥,何时才能回到北京。

火车的鸣笛终于响了,郑榕知道,自火车开动的那一刻,他告别母亲,离开家庭,走进社会的道路就开始了。那一年是 1943 年,郑榕 19 岁。

让郑榕没有想到的是,大哥的挥手告别,竟是诀别。很长时间以后郑榕才知道,日本投降后不久,他的大哥就因为得了肺病去世了。想起大哥生前的音容笑貌,郑榕怎么也想不明白,那么聪明、那么能干,充满青春活力,当年还积极参加抗日锄奸的大哥,为什么就会离开人世呢?

郑榕爱大哥,也了解他的大哥,他知道,大哥不但为人正直,而且极富才华,尤其具有绘画天才。他还知道,大哥最擅长画飞机,每次从旧书摊买回来大量的外国军事画报后,他就会临摹其中的插图照片。因为画得好,还曾出售过。

很多年后,郑榕想起早逝的大哥仍十分感慨,他为大哥没有赶上中华人民共和国的好日子,为大哥的才智没能得到发挥而惋惜。

舞台之光 郑榕传

第三章 抗战的岁月

▢1. 辗转来到"战干团"

从商丘下了火车后,郑榕又先后经过步行、坐火车,几经辗转,终于冲破封锁线到达后方边界。途中虽有两个同行的带路人,但他却几遭艰险,历经磨难。第一次独自离开家庭的郑榕,不仅亲历了战争带给中国人民的苦难,更亲眼看到了战争给中华大地造成的重创,心中不由更加充满了悲愤。

当时去后方有两条路,一条是先坐火车到商丘,然后下车步行。途中经漯河、亳县到界首,进入国统区后,再坐一段火车到西安。这条路,除了有时过潼关会遇到日军打炮外,还算比较安全,但是路途远,又比较费钱。

另一条路则是先乘同蒲路到山西,然后在风陵渡偷渡黄河。这条路虽然短,但是危险大。尤其是在风陵渡偷渡黄河那一段,如果在偷渡前被日军发现,便会遭到机枪扫射,坦克追赶。以往有不少人在这里丢掉了全部衣物,还有人在此丧生。

郑榕选择的是第一条路,却没有想到,他认为这条比较安全的路,却也是一路艰辛,充满了磨难。他登上了开往商丘的火车才发现,车上早已是乱哄哄,车厢里更是挤满了人。更没想到,火车刚刚开到一半路程,竟上来一群日本兵,为了他们自己单独乘坐,竟举起皮带连抽带打,把人们赶到另一车厢。

因为是战时,火车也经常是开一阵停一阵,为了安全,夜间也不让打开窗帘。一路担惊受怕好不容易到了商丘,下了火车后真是只能步行了。望着自己的几件行李,第一次独自出行的郑榕,只得雇了一辆架子车拉行李。

一路徒步前行终于走到洛阳,不想又赶上下大雨。抬眼望去,竟是一座泥泞不堪的小城。想起过去书上曾提到的那个繁华帝都,如今却变成了这般破败模样。又想起一路走来中国大地的疮痍满目,郑榕对奔赴抗日前线更加充满了渴望。

没有雨伞的郑榕在暴雨的浇灌下往前走着,他只觉得抗日的激情像一团火一样在胸中燃烧。终于走进了后方的边界,终于看到了一个穿着一身破烂旧军装的国军士兵。那一刻,郑榕立即想起了前方与日本侵略者浴血奋战的勇士,他激动地走上前拥抱了那位疲惫不堪的士兵,流下了眼泪。

这时,那两个带路人才问郑榕在后方有没有亲友,知道他无处投奔后,他们就对郑榕说,你先去西安"战干团"受训吧。"战干团"是干什么的,郑榕并不知情。但既然是带路人介绍的,自己又无处可去,郑榕决定先去西安。

于是与两个带路人分手后,郑榕奔向西安。半道时,还真遇到了几个同路人。正好其中有一个人的亲戚在西安。于是大家商议,不如先把衣箱存放在他家,然后再去"战干团"看看,如果情况不好,大家还可以离开。

等到了那儿,郑榕才知道,这个"战干团"的全名叫"中央

舞台之光 郑榕传

战时工作干部训练班"。当时,参加受训的全是来自沦陷区的学生。对他们具体的要求是,大专学生毕业九个月,中学生是两年。于是,郑榕报名参加了"战干团"。

"战干团"一开始是集中军训两个月,然后以上课为主。郑榕只记得当时主要是向他们这些受训的学生灌输一些反动的正统思想。按"战干团"的规定,学员毕业后可以自己找出路,但中途开小差的抓回来要关禁闭。而且平时对学员一律是按士兵待遇的严格管理。

说起来,"战干团"对学员们的生活待遇还是比较苛刻的。郑榕和学员们都是挤在一起睡在地上,每个人之间只有一块半砖的宽度。每天的饭就是一条杠子馍和一碗黄豆。这也让郑榕进了"战干团"还不到三个月时,体重就一下减轻了70磅,经常是两眼一黑就昏倒在地上,有时甚至昏倒半小时才苏醒过来。

轮到星期日放假郑榕进城时,连看见街上挂的红辣椒都馋得流口水……艰苦的生活条件,也让郑榕没多久就全身长满了虱子,还长过疥疮。更倒霉的是,出门时戴的手表和带的钱也被人偷走了。

来到"战干团"的郑榕真是处处都不如意。但是他都挺了下来,因为他心里总是认为,要参加抗日就必须经得住锻炼。除了不怕吃苦,他还要求自己努力工作。只要是对抗日有利的,他就尽力去完成。这期间,郑榕先是画一些揭露沦陷区的漫画,后来又开始筹备演出独幕剧《结婚》。演出整个过程从安装大幕,到制作布景,再到借衣服、搬道具,都是他自己动手,为了完成工作,几次昏倒在台上,却从没有叫过一声苦。

不过郑榕在"战干团"也曾痛苦地大哭了一次。那是有一天，一个从北京来的人告诉郑榕说，艺专的那位姓王的女同学已经病故了。郑榕听说后，大哭了一场，那一刻，他为那个一心向往抗日的艺专女同学的早逝痛惜，也发泄出了几个月来心中的悲愤。

后来"战干团"成立了一个总队剧团，让郑榕负责。剧团总队长是个姓包的浙江人，说是黄埔四期毕业的，却长得个子矮小还是斜眼。他让郑榕带着剧团排歌颂特务的《蓝蝴蝶》。

这时剧团里有两个刚从东北来的学生就劝郑榕不要排这个《蓝蝴蝶》，他们建议演于伶的《长夜行》。郑榕知道这两个学生曾参加过协和剧团，也曾受过日本进步人士的影响，读过一些日文版的苏联小说，年龄也大一些，就同意了。（这两个人后来从"战干团"毕业后果然就去了延安。）

《长夜行》这个戏演完了，郑榕也记住了戏里一句重要的话，就是"人生好比黑夜行路，可失不得足啊"。这是他在剧中的角色俞味辛说的。后来他把这句话变成了自己的座右铭。

《长夜行》演出后，郑榕带着剧团又演出了根据莫里哀的剧本改编的《生财有道》。过了些日子，那个矮个子队长答应郑榕可以加入由戴涯担任团长的"战干团"，但是他没有去，因为听说他们生活作风不严肃。

□2．在国民党78师

经历了九个月受训的磨难，郑榕终于从"战干团"毕业了。在那位黄埔毕业姓包的总队长的介绍下，他来到了胡宗南所属的国民党78师。虽然国民党78师完全是让人几乎无

舞台之光 郑榕传

法忍受的法西斯式管理,自己亲手编排的话剧也遭到了抵制,但为了能够亲临抗日前线打鬼子,郑榕还是咬牙坚持了下来。但真正到了抗日前线,他看到的却是国军的溃逃和腐败。郑榕一心要做抗日英雄的梦想终于在瞬间被打碎。

临去国民党78师之前,姓包的总队长还告诉郑榕说,那位国民党78师师长以前曾在"战干团"当过总队长,带过艺术大队,对艺术也很热爱。

到了国民党78师,郑榕才知道,这个师属于胡宗南的第一军。接下来,郑榕的日子就不那么好过了。大概是为了显示这个师的"正宗"吧,这支军队实行的是全部法西斯式的管理模式,连士兵敬礼都是仿效希特勒的举手礼。于是,郑榕和一同去的两个学员就这样走进了国民党78师的已经完全法西斯化管理的兵营。

可想而知,这样的法西斯式的待遇,对于一个曾经衣食无忧的艺专油画系学生来说,将是怎样一种炼狱般的磨难。因此,郑榕说:"去了不久,就把我变成了个'机器人'。"

大概是国民党78师的法西斯式管理太过于魔鬼化了,以至于后来很长的时间里,甚至离开国民党78师后,郑榕那近乎机械式的立正和挺腰板的姿势,仍然成为同事闲谈的笑料。当然这是后话。

在法西斯式魔鬼般的训练中,郑榕曾根据自己在中学演出时的记忆,编排了话剧《最后一计》,但只演了一场,就因为效果很不好而停演了。而一心只为宣传抗日的郑榕当时并不知道,这个歌颂游击队的戏,对于身为胡宗南第一军的国民党78师来说,绝对是犯忌的。

经受法西斯式管理的磨难,为宣传抗日编排的话剧又被停演,一心要奔赴抗日前线打鬼子的青年学生郑榕,心中不由升起一股近乎失望的惆怅。而随着时局的变化,郑榕心中的惆怅很快就变成了失望。

3. 对现实的失望

不久,日本侵略军在河南发动了一场战役,虽不过就是虚张声势。可是就把当时的鲁苏皖豫边区总司令汤恩伯吓破了胆。一时间全军溃退,致使潼关告急。于是胡宗南被迫把他的主力拉出去迎敌。

郑榕所在的国民党78师是在一天的午夜出发的。当时正赶上天下着雨。一路上,走在队伍里的郑榕只见人喊马嘶,到处都是乱哄哄的。到了车站上,更是乱成一团。虽然如此,坐在铁皮车里的郑榕却很兴奋。他觉得,终于可以奔赴前线抗日杀敌了,这不正是自己时时刻刻的梦想吗?因此尽管当时车厢外面的世界是那样纷乱,郑榕却是雄心勃勃,一心奔赴前线杀敌立功,甚至"还满脑子都是当上了抗日英雄的美梦,幻想着等到抗战胜利了,我要骑着白马进天津,在我心爱的人家门前经过"。

可是现实却远不是郑榕梦想得那样美好。他们乘坐的列车刚出潼关,就被日军的大炮打中了。只得改为步行。想不到行军途中,师参谋部还丢失了装地图的箱子,实在是颜面尽失。后来部队行军停在了阌乡县南部山中,但也只是作为第二线待命。

没有像郑榕梦想的那样来前线杀鬼子,却在一路上看到汤恩伯的溃兵像过蝗虫一样撤退逃跑。一些军官撕掉了肩章,混在士兵里一起跑,还有的朝天鸣枪,乱喊乱叫。遭了难

舞台之光 郑榕传

的村民们一大早就扶老携幼,牵着牲口,躲进深山。

有一天,在附近盘豆镇沿火车线往前第三个站上,冲进来三个伪军骑兵。于是驻守在小镇上的国民党一个团的兵就躲进了深山。镇上的居民无奈也只得逃难,等到居民晚上回来时,才发现家中财物已被劫一空。都知道是那团国民党兵干的,可是居民们却敢怒而不敢言。

当时还发生了在山中一个村子里驻扎的国民党78师一个营的士兵用步枪把一个怀抱孩子的妇女娘俩都打伤的事。人家上告到师部,于是师部派了政治部一名科员下去调查。第一次回来报告说是国民党78师的兵打的,结果这个科员受到了申斥。

后来师部又派了参谋部一个人第二次去调查。这次他们到了营部大吃大喝一顿后,回来就报告说不是国民党78师的兵打的,结果师部给这个科员晋升了一级。

从汤恩伯士兵溃逃的混乱,到国民党驻军士兵的掠夺,再到国民党78师真实面貌的大暴露,这些亲眼所见、亲耳所闻的一桩桩国民党军队的不齿之事,让原本一腔热血、满怀抗日激情的郑榕深深受到打击。而那个黄埔四期毕业的包队长介绍的那位对艺术热爱、带过艺术大队的国民党78师师长的作为,则更让一心要为抗战演戏的郑榕厌恶。

原来,那位所谓热爱艺术的师长娶了一个女大学生,把她关在了城内一座洋房里,还派卫兵在门外把守,不准她出门。师长偶尔回家,老婆要跪在地上为他脱马靴,稍不高兴,便一脚把她踢出老远。

这位师长还在师里养着一个京剧队,主角是三个女孩子。养母给她们取名叫大毛、二毛、三毛。大毛唱青衣,性格懦弱;二毛唱老生,冷若冰霜;三毛唱花旦,还是个不懂事的孩子。都是从河南买来的,在养母鞭打下学会唱戏。除演戏外,她们还得侍奉师长、团长们打牌、吃酒。

这样的日子,让郑榕苦闷,更让他觉得离他一心追求的、争当抗日英雄的道路甚远,想起离家出走前的满腔热忱,再看一年多来在"战干团"和国民党78师历经的艰难磨炼和亲临亲历的抗日前线,倍受打击的郑榕对眼前的现实生活失望至极。

4．逃离

对现实的失望,也让郑榕对下一步的生活方向陷入了沉思。几天后,他终于做出决定:离开国民党78师。但他的离开却很不顺利。当他去找国民党78师的政治部主任辞职时,那个政治部主任不但不准,还将郑榕大骂了一通,并指着鼻子说他是"吃人血"。

正值血气方刚的郑榕当时就和他吵了起来,结果是那位有权势的政治部主任下令,关郑榕三天禁闭。在禁闭室的三天里,郑榕的一腔愤怒之火无法向人诉说,只能自己画一张"很多肥头大耳在吃人"的漫画"一表衷肠",并讽刺地在旁边写道:"社会多好玩啊！为什么说我吃人呢?"

关了三天禁闭后郑榕被放出来了。又过了三天,郑榕终于抓住一个机会跑了。逃离了国民党78师却不知奔往何方的他,几天后又回到了"战干团",只见那个身兼面粉厂经理的总队指导员正在吃"熊掌"。一见到郑榕,就把国民党78师的通缉令往桌上一扔,对他说:"你搞什么名堂！"郑榕倒也不含糊,只回答说:"在那里演不了戏,把军装脱了留下,也就

舞台之光 郑榕传

算了。"

郑榕一心要当抗日英雄的美梦终于彻底破灭。现实生活中的倍受打击也让他对社会心灰意冷。然而心中却仍然割舍不下对表演艺术的热爱。他决心今后再不关心政治，只搞自己喜爱的艺术。

在"战干团"一个同学的帮助下，郑榕离开西安来到了陕西凤翔。抱着"只搞艺术"的决心，他加入了凤翔辅导处剧团负责排练演出的工作，并声明只负责"辅导剧社"。

郑榕加入的辅导处的主任是老北大的毕业生，给人的感觉就是一个典型的"文人面貌"。对郑榕也很客气。他的外甥女也参加了剧团。那位外甥女待人也很热情，郑榕对她印象最深的就是她经常嘲笑郑榕的立正和挺腰板，所以郑榕说，这毛病他费了很大劲儿才改过来。

凤翔虽然不大，却有个历史悠久、风景也很美的东湖，据说是当年苏东坡在此的时候修建的。但郑榕觉得凤翔城市里很荒凉，而且别人还告诉他说，在他到凤翔之前不久，街上还有木笼悬挂人头的事。郑榕走在街上时，经常看见成队的伤兵走过，有的伤兵脚肿得怕人，流着脓水。那是战争带来的残酷现实，他的心头不由笼上一片阴云。

来到凤翔后不久，郑榕的肚子上生了一个大疮。他知道，按民间的说法，就是这一阵子的"毒火"所致。想想也是，离开北京这些日子，处处都是不如意，不着急上火才怪。可是在偏僻的凤翔，他只能请来一个土医生，用剃刀割除了大疮。

剧团的工作也不容易。郑榕打算排演一部名为《天罗地网》的话剧。这是一个法国的剧本，主要是写一个人因谋财害命遭到报应的事。以前中旅剧社演出时译名为《干嘛？》。

但是这部剧中有一个浪漫夫人的角色,演员很不好找。

正在为找女演员发愁时,有人说辅导处的教师里有一对来自辅仁大学的夫妇,女方是男方的学生,长得很漂亮,她的风度和装束在那座荒凉的小城里不仅出众,而且很适合扮演剧中的浪漫夫人。郑榕决定去征求她的意见,没想到这位女教师很爽快地答应了!言谈中,郑榕看得出她乍离开大都市,对这里感到很不习惯,生活也很苦闷。

他们的戏演出后,反应不错,女教师很高兴。和郑榕的聊天也多了。有时他们也大谈莎士比亚,郑榕总是听着她谈的时候多,因为在这位女教师面前,他自愧学识浅陋。

不久机关改编,直接归教育部管辖,这样就要裁剪所有非教职员工。脚跟还没有站稳的郑榕不得不考虑自己的下一步生活了。这时那位辅仁大学的女教师对他说,白杨(著名电影演员)和她是小学同学,愿为他写一封信介绍他去重庆见白杨。

郑榕听了,真是大喜过望。他知道,当时的重庆是中国话剧活动的中心,也正是他梦寐以求的地方。实在是太感谢这位辅仁大学的女教师了。想到这儿,郑榕立即做出决定,去重庆。于是他带上那封"介绍信",用遣散费做路费,和另一个要在教育部任职的人一起,搭上车去重庆了。

第四章　漂泊的演剧生涯

□1．从凤翔到重庆

怀揣投身表演艺术的梦想和对话剧演出的向往,郑榕终于登上了开往重庆的长途汽车。一路旅途并不顺畅,但想着很快就可以见到著名电影演员白杨,还可以看到在当时中国最优秀、最具影响力的话剧,当然最主要的还是能够在这个表演人才最集中的地方,实现自己的艺术表演之梦,他的心中不由地一阵阵激动。

但他却不知道,正是由于戏剧人才的集中,才使得他来到重庆以后的演艺道路倍加艰辛,才有了他在胜利剧社工作了一年半的时间,却拿不到一分钱薪水的难忘经历。重庆的这段生活,虽不过是郑榕演剧生涯的开始,但无论是去往重庆途中的不易,还是在重庆充满了艰辛和漂泊的求职经历,都让他终生难忘。

条件所限,当时去重庆,只能搭乘长途汽车。而抗战时期物资缺乏,运输极端困难,汽车就成了宝中之宝。尤其是司机,虽然去重庆的途中山路难行,往复盘旋,像老牛拉破车一样,危险性很大。但他可以夹带走私物,又能私带黄金,可说是财大气粗,一车人更是都得讨他的高兴才行。

自陕西进入四川,一路上虽然经过无数名胜古迹,一心奔往重庆的郑榕却没有心情,更没有条件去观赏。漫漫路途中,他只记得路过剑门关时,看见了两山耸立,一线通天。从那里过去不久,就进入了一片碧绿的天府之国。

抗日战争时期,大批电影戏剧界人士云集重庆,又有中国共产党的领导和影响,因此,不仅创作和演出了很多高质量的话剧,也培养了一批话剧观众。这是中国话剧史上话剧发展的一个高潮时期。

1945年5月,带着朝圣者心情的郑榕终于来到重庆,可惜他只赶上了这个高潮的尾声。像《屈原》等当时有名的话剧演出,他都没有看到。

要找的著名电影演员白杨当时就住在南岸中央电影厂,郑榕好不容易才找到。白杨见到他后问他想干什么,他说想学习演戏。但是白杨告诉他,重庆剧人过于集中,像陶金那样的名演员来后都有一段时间找不着工作……郑榕心里明白,只得告别。

2. 没有薪金的胜利剧社

无果而归后,郑榕无处可去,只好在街上徘徊。此时他的路费也用光了。一直到第三天,才遇上一个曾和他一起分配在国民党78师的人。这个人是在他之前开的小差。他告诉郑榕说,重庆有个胜利剧社,只有一个社长,目前正准备演出,可以有饭吃有地方住。郑榕就跟着他去了胜利剧社。

胜利剧社就在黄垭口的一座小楼上,有三个房间。郑榕

舞台之光 郑榕传

去时，房间里挤满了人，大家正在赶制服装和布景，准备道具和效果（这个戏里有飞机空战和空降伞兵的效果）。他刚来，只能找点杂活儿干，像刷海报、画广告、收门票、管伙食什么的，直到有一天，会计不干走了，郑榕只得把管钱的差事又接了过来。

胜利剧社的社长叫张光，他也是一个奇怪的演出者。说他奇怪，是他孤身一人，也没有职业，整天就是东跑西颠，也不干别的，就是到处找人借钱。只要借到了钱，就筹备一个大戏的演出。

在这个"奇怪"的演出者的带领下，胜利剧社的整个演出过程自然也是充满了与众不同的"奇怪"。每次只要从开始售票后，债主和前后台人员就会蜂拥而来，没别的，就是一件事，吵着要钱。如果张光没钱可给，他们甚至会在演出中以拉闸、闭幕来要挟。

如果还要不到钱，那么就在演出结束后，所有的服装、道具、效果器材全部被人拿走抵债，有时实在要不到钱了，那好，把社长的西装扒下来。结果就是，戏演完了，也什么都没有了。接下来就更惨了，那就是剧社里人走楼空，伙食也停了。

什么时候能够再拍戏呢，那就要看社长大人张光什么时候再借来钱了。也就是说，多会儿等到他又借到一笔钱时，才是他再特约人马重新打锣开张之时。

就是在这样"奇怪"的胜利剧社里，郑榕在那里工作一年半之久，却没有拿过一分钱薪水。不过只要能够有演出，他就能和一般特约人员一样，拍戏时一天一毛五车马费，上演时一天三毛夜宵费（当然大演员都有"黑市"）。

说起来真是挺不容易的，但是因为只有通过张光才能跨入重庆戏剧界,所以生活上即使再难,郑榕也从无怨言。赶上剧社停工时,他就在别人介绍下去其他剧社,在他们演出时干些管道具,或者是当剧务的活儿。虽然管道具的时候也遇见过个别摆架子的演员,但大部分人都对他很同情,很多人都帮助他去借道具,并告诉他如何对付各种不同的人。当时三四毛钱能买一斤经济饼干,当一天的食粮足够了,郑榕干得很起劲。

3．向名艺术家"吸取营养"

在重庆,郑榕的表演艺术道路虽然充满了坎坷,但他从未放弃对话剧表演的追求。尤其是结识了一些名导演、名演员后,更让他在排演和欣赏话剧演出的同时,体会到这些戏剧名人坦诚的为人,并向他们学到了很多表演创作的精髓。对此他也称,欣赏这些艺术家的创作是一种"享受",自己则像"海绵一样尽力地吸取各种营养,滋补自己"。

辗转来到重庆后,已是1945年。此时虽然山城戏剧运动的高峰已接近尾声,但郑榕还是有幸看到了一些难忘的演出。更幸运的是,在胜利剧社排演阳翰笙的《草莽英雄》时,他还认识了著名导演沈浮,著名演员项堃等人。

他觉得这些名人都没有架子,对他这么一个不知名的青年也都很关心。比如沈浮导演,名气那么大,却像个老妈妈一样,脸上老是挂着微笑。有一次,郑榕不小心弄丢了两张刻印剧本的蜡纸,他赶忙连夜刻出来送去。沈浮不但没有责备他,还对他安慰鼓励。

后来郑榕当舞台监督,沈浮导演对他说:"大个子你很能

舞台之光 郑榕传

干,我就要回北京接管中电三厂去了,什么时候你回北京来找我,给你个剧务当。"这句话让郑榕很受鼓舞,一直到回北京前,沈浮的话都是他的理想。可惜的是,当时郑榕没有路费,始终离不开四川。

认识项堃也是在排演《草莽英雄》的时候。当时项堃被胜利剧社邀请在《草莽英雄》中扮演袍哥罗选青。开始张光请了一些四川袍哥在茶馆吃饭,项堃就和他们见了面。结果不久后,他在舞台上就创作了一个丰满鲜明的袍哥罗选青的形象。他在未出场时高喝一声,一句台词就引起台下观众议论纷纷。他上场时更是宽袍大袖,气势轩昂。只见他时而撩袍挽袖,时而缠辫蹬靴,每一个动作都是那么讲究、漂亮。一下就把这个角色演活了,和他在日常生活中判若两人。

郑榕在台下屏息观看,项堃那优美多变的姿态一直深深地留在了他的记忆里。很多年后,郑榕仍然一直盼望着能够扮演一个舞台上耍辫子的清装角色。

他还看了项堃主演的《风雪夜归人》。担任这部话剧导演的,就是当年那位叱咤重庆话剧舞台、年轻有才的出色导演贺孟斧。郑榕觉得,贺孟斧赋予了这部戏以极大的艺术魅力,就像一首诗一样动人心弦。可惜他过早地故去了。

在《风雪夜归人》这部戏里,贺孟斧导演借用民族传统的技巧,熟练而自然。例如他利用台口的两张椅子,让玉春和连生借滚落和拾起毛线球的动作,边绕线边接近,把人物的形象同诗情画意的舞台情境巧妙地交融在一起。

还比如贺孟斧导演的话剧《家》中,梅表姐的出场也十分令人难忘。只听有人喊:"梅表姐来了!"于是台上的人都跑下去了。一个静场之后,从台后方寂静的长廊上走来一个穿灰绸衣裙的少妇,她背着身,像是在眺望远方的景色。上半身被一把撑开的灰绸阳伞遮住了,看不见她的脸。走到长廊中部,才徐徐收伞,低首回身,发髻上簪着一朵小白花,衣裙上也都滚着白色的花边。随着转身,慢慢抬头,回顾一下周围熟悉的环境。她出场,尽管没有一句台词,却把梅表姐对往事的怀念、当前的处境和无限的幽怨,都表现得深刻婉转。它像是一杯醇酒,给了观众以沉醉的享受。

那年郑榕刚刚 21 岁,就像一个虔诚的朝圣者到了圣地一样,他终日沉浸在艺术家舞台创作的享受中,让他忘掉了生活中的疾苦和坎坷,更让他像海绵一样,尽力地吸取各种营养,滋补自己。

4．抗战胜利后的奔波

1945 年 8 月 15 日,日本投降了!中国人民终于取得了抗日战争的胜利,全国上下一片欢呼。身在重庆的郑榕也兴奋地参加了戏剧界举行的一次庆祝抗战胜利的大会。那天周恩来和郭沫若都来了。他在会上还看到了当时戏剧电影界的知名演员金山、张瑞芳和赵丹等人,更看到会上大家为抗战胜利庆祝欢呼,甚至有人喝醉了,放声痛哭的激动场面。

1945 年,在重庆的郑榕

然而抗战的胜利仍然没有改变郑榕的漂泊生活,他仍然在胜利剧社从事着没有报酬的演出,因为拿不到薪金,他更是没有路费离开重庆回到北京。抗战的胜利只是让少数的

上层人谋得私利,广大的老百姓仍然处在水深火热之中。

随着"八一五"胜利而来的则是社会上的大动荡。郑榕看到,有的人忙着当接收大员,有的人忙着抛售囤积的货物。在风云变幻中,真是几家欢乐几家愁啊!感慨的郑榕遂即兴画了几张漫画,来抒发自己的感受。

他更看到,在那个残酷的社会,人的命运在瞬间就经历了悲惨变化。就像他认识的一个流亡学生,开始他曾流落于重庆街头,后来考上了一个翻译人员训练班,因为会日语,抗战胜利后没多久,他被选作首批飞往上海与日军恰降的美军翻译。飞机上他是唯一的中国人,到上海后人们流着泪欢迎他,献花献酒。可是几天后飞回重庆,他的命运仍然是继续流落街头。

郑榕还认识一个在剧社后边住着的女学生,她有时来剧社玩。可是几个月后,郑榕突然发现这个女学生像变了一个人,苍白消瘦,牙根变黑。从别人的嘴里才得知,是女学生的父亲逼她当了妓女,还抽上了鸦片烟。

后来郑榕联想到曾经看过的《人鼠之间》等剧本,心中不禁感慨,社会上为什么总是有些人为了金钱、地位、享乐,老是在残害和侮辱他人,这样的卑鄙之人,来去匆匆,自生自灭,到头来除了给别人带来伤痕和眼泪之外,还能留下什么呢?

生活尽管仍是不如意,但他一心从事话剧表演的志向却从未动摇。不久,项堃了解到郑榕一心演戏的志向,便在话剧《清宫外史》里为他安排了一个大臣的角色。但这时候,张光又约好演剧六队去成都演出《草莽英雄》,并要郑榕同去,还答应说赚了钱就买船票送他回北京。郑榕只得辞谢了项堃的好意,离开重庆与张光一同奔往成都。

5．从这里开始登上舞台

成都地处平原,有些房屋和北京胡同里的房子有点像。但成都的封建气息比北京重,而且社会上有不少帮会组织。走在街上经常看到游手好闲的人晃来晃去。剧社请来的装置木工里就有两个"大爷"。

《草莽英雄》原是势力很大的袍哥大爷出钱约去的,但是当他看到演出上座不佳时,就撒手不管了。郑榕和演员们也立即就被赶出了剧场。

《草莽英雄》演不成了,张光约来的演剧六队倒没什么太大影响,他们是个整体,又有地下党的领导,在地下党的安排下,演剧六队离开成都后南下,后来在中华人民共和国成立后组成了湖南省话剧团。

胜利剧社的演员们则没那么幸运了。在张光的经营奔波下,他们只能又找了另一个破旧的剧场,开始准备演出《升官图》。

但这个剧场又霉又潮,厕所就在舞台两侧。更倒霉的是在一次演出中,舞台旁厕所的恭桶突然崩裂,粪便一下子就流到了观众席,结果把观众都熏跑了。

郑榕和演员们就住在观众席后面,虽然不过就是用竹帘隔成的单间,白天也没有光亮,但郑榕的心情还不错,因为他在《升官图》里扮演了一个卫生局长。虽然还不是主角,但也正是这个卫生局长的角色,让郑榕在西南开始登上了舞台。

不料演出后不久,又出事了,原来成都一个姓徐的警察局长听说这个戏里也有一个警察局长,就立即下令停演,这

还不算,张光也被他们关进了监牢,真是欲加之罪何患无辞。

剧社几个人出面几经交涉后,张光才被放出。虽经此劫难,张光却并没有撒手不干。他的"奇怪"劲头依然丝毫不减,不仅接着约好了从上海回家探亲的吴景平、裘萍夫妇(后在香港电影界)和雪花剧社的万籁天、白玲等人合作,还租下了沙利文饭店的小礼堂做剧场。

还真是多亏了张光的"奇怪"劲头,这一次,胜利剧社终于先后演出了《原野》《梅萝香》《风雪夜归人》和《清宫外史》第二部。成都的演出中,郑榕也开始在《原野》出演主要角色了,整个过程也比较顺利。

原来,一开始《原野》中的仇虎没人演。张光听说原来成都有个演仇虎的演员住在乡下,便一面派人去找,一面让郑榕暂代拍戏。但是这个演员一直没找来,后来就由郑榕出演了。

出演仇虎,无疑让郑榕在舞台表演方面又向前迈了一大步。他自己也觉得有很大收获,并认识到出演戏剧性很强的《原野》,对自己是一次重要的锻炼。更让他欣慰的是,裘萍等演员对他的演出还都挺满意的。

胜利剧社演出的另一部戏《清宫外史》,是以雪花剧社的人为主,万籁天导演,白玲演慈禧,郑榕演谭嗣同。虽然不是主要角色,但他仍然特地提前翻看了谭嗣同的著作,只不过读了几页他没有看懂,只好在放下以后又跑到书店里查阅了图片和资料。

6. 告别"奇怪人"

相比于之前在重庆及《草莽英雄》演出中遭人讨债,抢服装、道具,扒社长西装,甚至人走楼空停了伙食,以及社长张光被抓进监狱的困境,请了吴景平、裘萍等演员和租下了沙利文饭店的小礼堂做剧场后,来到成都后的胜利剧社终于可以平安顺利地演出了。

能够演出了,本该可以挣钱了。但按照"奇怪人"张光的一贯"行走路线",肯定又是"经济回报"甚微的。果不其然,即便是先后演出了《原野》《梅萝香》《风雪夜归人》和《清宫外史》等话剧,社长张光却"依然故我",不仅给郑榕他们发不出工资,还欠着一屁股外债。

有一天,郑榕还在跟着张光演《清宫外史》。他正在后台做演出前的准备时,匆匆忙忙来了一个人,一问才知,是来向张光讨债的。可是那时张光连演员的工资都拿不出,哪有钱还债!于是还不起钱的张光便请那个人演戏。

那个讨债人只好留了下来。郑榕真是觉得和他有些"同病相怜",两个人不由聊了起来。交谈中,他才知道,这个"讨债人"也是天津长大的。好在他也是个热心肠,一听说郑榕在胜利剧社演出了那么长时间,竟连一文钱都没有到手的惨况,就立刻劝说郑榕离开胜利剧社,去重庆参加演出队。并告诉郑榕说,他的爱人沙漠就在重庆新中国剧社,他们演出的《秋》很受欢迎。他还说,重庆有广泛的话剧观众,戏剧运动是大有前途的。

郑榕听了,不由心中一动,这个时候,他正在为张光不付薪金而犯愁。因为手中没有钱,他知道回北京早已无望。北京家里的情况更是糟糕,大哥已经在北京病故,妹妹也得了肺病,原本在外还能贴补家里的弟弟也跑回去了,家中生活的困难可想而知。

再看身在成都的自己,从北京出来时带出的衣服已经卖

得只剩下一件随身穿的鹿皮夹克了。至于住处就更别说了，是他在剧场后台一侧楼梯下面的三角地带搭起来的一个地铺。又矮又窄，站不起身来不说，还有抵御不了的风寒。有时实在冷得受不了，他就到大街上去走路，一直走到身上暖和了再回来。

这样的日子，真不知何时才能结束，为了生活，为了他执着追求的话剧表演，经过反复地思量，郑榕终于决定，告别"奇怪人"张光，离开成都，回到重庆。

□7．来到演出十二队

1946年12月，郑榕从成都回到了重庆，并在那位天津"同乡"的爱人沙漠的引荐下，参加了演剧十二队。

演剧十二队的前身是曾在抗战期间活跃在滇南边防线的抗建剧团。当时抗建剧团的成员大多是在抗战开始时由日军占领区来到大后方参加救亡工作的一群爱国青年。后来抗日战争胜利了，很多队员因为买不起回程船票而不得不暂时留在了重庆。

这些留在重庆没有走的抗建剧团演员组成了重庆警备司令部下属的小型演剧十一队。后来经过改编，又成为国防部新闻局演剧十二队，也就是常说的演剧十二队。

演剧十二队也汇集了很多当时文艺界的精英，像负责人之一的诸葛明，过去在地下党领导的演剧队待过，工作上他也总是力图把剧团办得民主化一些。初期时还有孟超、力扬也十分关心演剧十二队。此外作曲家沙梅为了丰富演员们的知识，特请川剧演员李文杰为大家举办了若干场折子戏观摩演出。

演剧十二队当年虽然是国民党军队下属的一个演出队，但由于大部成员年轻热情，追求民主进步，并且热爱表演，具有一定的艺术水平。因此，尽管当时条件艰苦，他们仍然演出了诸如《家》《上海屋檐下》《大雷雨》《夜店》等多部具有进步思想的话剧。

而由重庆警备司令部下属的一个小型演剧十一队，到国防部新闻局演剧十二队，他们更是走过了一段艰难的历程。

最早的奋斗，是从解决排戏的场地开始的。那是从排演《上海屋檐下》开始，因为不过是重庆警备司令部下属的小型演剧十一队，所以虽然演剧队已经组成，但是他们连排练场地都没有，只得借用当时与他们同属政治部管辖的中国电影制片厂的小礼堂来排戏。

到了那儿他们才发现，偌大的中国电影制片厂的房子竟然全空着，于是，他们赶快和政治部联系，通过方方面面渠道的努力沟通，这支小小的演剧十一队总算搬了进去，既解决了演剧队的困难，也有了拍戏的地方。《上海屋檐下》也终于加快了排戏进程，很快就正式演出了。

不久，又传来了让演剧十一队所有人高兴的消息，就在他们的《上海屋檐下》演出还没有结束时，南京寄来的一个文件告诉他们说，他们这个小型演剧十一队将改编为国防部新闻局演剧十二队。

从此，他们从重庆警备司令部下属的小型演剧十一队正式成为国防部新闻局演剧十二队。这就是说，他们已经从原来除演出时还需借用队员工资垫付的情况，转为可以按时领到工资了。那种平均拿生活费的情况也结束了。此外，因为是小型演剧队改编为正式演剧队，那么配属关系也就随之改

变,原来配属的重庆警备司令部也改为军事委员会西南行辕(后改为西南长官公署)。

成为国防部新闻局演剧十二队后,大家都很兴奋,干劲也更足了,经过努力,他们又解决了很多问题。先是把三个多月因人员不足和没有活动省下来的经费添置了舞台设备和灯光工具,为日后的舞台演出做了充分的准备。接着他们又邀请了很多话剧界的新老朋友来到了队上。郑榕就是在这个时候,与黄中敬、沙漠、唐祈、郭玲、殷野、仝洛、张淑贞等十多人陆陆续续来到演剧十二队的。

此外,为了解决在重庆住下来的燃眉之急,他们还及时在重庆张家花园临华街口上买了三间破旧的竹篱笆草房,演剧十二队也从此有了落脚的地方。

这批有志为重庆话剧继续努力的青年朋友们,就住在这样三间破旧的小陋室之中,虽然拥挤,虽然艰苦,但他们快慰非常。因为他们共同关心的是怎样努力设法提高演剧十二队的艺术质量,怎样满足山城观众的欣赏水平。

而对于热爱舞台,一心从事话剧表演艺术的青年郑榕来说,走进演剧十二队,除了环境的改变,更多的还是让他走进了一个表演艺术的新天地。

来到演剧十二队之后,在沙漠的建议下,郑榕将自己原来郑庆榕的名字改为郑榕,虽不过是一字之差,但当时大概谁都没有想到,这个被沙漠"命名"的郑榕,日后不仅在中华人民共和国的话剧舞台闪闪发光,更成为一个闻名于中华大地的著名表演艺术家。

8．从首次会演《家》开始

来到演剧十二队不久，郑榕即参加了话剧《家》的演出。这部戏是当年演剧十二队在重庆举行首次公演的话剧，也是他们为了第一次公演就能够给重庆的观众中留下一个良好印象而特别选排的，深受山城观众喜爱的话剧。

话剧《家》源自中国著名作家巴金的长篇小说《家》，主要讲述了几个不同命运的年轻人冲出封建家庭追求民主自由的故事。剧中既描写了追求民主自由的热血青年，也揭露了封建社会代表人物的丑恶。因此该话剧演出后深受观众欢迎。

他们将演出时间定在了那一年的春节。开排之前，演剧十二队领导小组的成员到文协找到孟超同志，同时邀请了沈起予、何其芳、力扬等几位文艺界的同志进行了座谈。

座谈会上，文协的孟超同志和文艺界的几位同志首先对《家》的导演提出了要求，他们表示，希望演剧十二队的导演不但要忠实剧本，也希望导演能从剧本中发掘出新的意义，更希望能结合社会现实，在演出中有所强调。

他们的表态，无疑表明了他们对《家》的演出剧组所有人员寄予了较高希望。于是导演唐祈，以及在剧中饰演觉新的诸葛明、饰演瑞珏的沙漠、饰演高老太爷的中敬，以及饰演冯乐山的郑榕和演梅表姐的李恩琪等演员先坐在一起，大家分析讨论主题思想，并将自己的角色与文协和文艺界同志的希望联系起来，以促进对角色的塑造，再把它消化在《家》的排演过程中。

舞台之光 郑榕传

充分的准备和大家的共同努力,终于使演剧十二队在重庆的第一次公演得到了满意的效果。从1947年的春节首场演出开始到结束,话剧《家》总共演出了20余场。

郑榕在剧中扮演的冯乐山一角,同样获得成功。因此郑榕对当年演剧十二队公演话剧《家》时的情景,尤其是自己对冯乐山这个角色的塑造,有着深刻的印象和更深的体会。

郑榕认为,自己扮演的冯乐山能够获得好评,离不开在天津寄宿在大伯父家童年生活的经历。类似冯乐山那样的人物,是他小时候在大家庭里的生活中所熟悉的。也正是这样的生活环境,给了他塑造冯乐山的借鉴。因此,在头一场,他以道貌岸然的姿态出现,后一场时,他先用目光威胁婉儿不许出声,然后抓住她的手腕,把烟蒂烧向她的手臂,这样的表演,就是想给观众造成一种倒吸一口冷气的感觉。结果,他的这一试着用外部造型来塑造人物的表演,博得了台下一片掌声。

参加了话剧《家》的公演后,郑榕又出演了话剧《上海屋檐下》中的林志成,接着又在著名导演孙师毅执导的话剧《大雷雨》和《夜店》分别扮演了库力金和石敢当的角色。孙师毅是当时中国电影界很有影响力的导演,在20世纪30年代就是上海业余剧人导演团的成员。他编写的电影剧本《新女性》以及由聂耳谱写的剧中插曲,当年产生了很好的社会影响。因此,继《家》的成功演出后,《大雷雨》和《夜店》两部话剧的演出也得到了较好反响。

接连几部话剧的成功演出,无疑也让年轻的郑榕在表演艺术方面得到很大提高,但他并没有满足,而是觉得自己还有更多的地方有待于提高,这也让他在艺术总结中对自己又提出了新的要求。

1948年,郑榕(后排中间戴帽者)在演剧十二队话剧《夜店》中出演石敢当

郑榕认为,自己1947年在《家》中扮演的冯乐山曾获得台下的好评,但在下一部戏《上海屋檐下》中扮演的林志成,由于抓不到外部特征,不知从何着手,所以演得毫无光彩。在《大雷雨》中扮演库力金时,因对人物缺乏了解,只是单纯地模仿俄国画报上的一个老头形象。至于在《夜店》中表演的石敢当,更是纯粹仿效好莱坞的庸俗闹剧,在舞台上卖弄一些低级噱头。

9. 拒演"戡乱"剧

解放战争的节节胜利,让国民党政府更加推行独裁统治。他们除了对战争情况的新闻封锁,还在远离战区的重庆竭力鼓吹"戡乱建国",意为平定叛乱建设国家。这样的形势下,演剧十二队的同志们不仅看到了七星岗和平隧道的街头挂着"戡乱建国"的大牌子,更收到了国民党新闻局给他们寄

来的"戡乱"剧本。

不过演剧十二队同志们对此似乎并不买账,因为他们打开一看,这些所谓"戡乱"剧本的大部内容不过就是将抗战剧本改头换面,把原来剧中的"日寇"改为"共匪",把"打鬼子去"改为"打共产党去"等。因此,大家看了以后都很气愤,觉得其内容令人作呕,更觉得反动文人卑鄙无耻。愤怒之下,这些满腔热血的青年演戏人干脆一把火烧了"戡乱"剧本,并一致表示不演一部"戡乱"戏,不唱一首"戡乱"歌。

随着解放战争的深入,政治形势越加严峻,国民党统治下的重庆更是通货急速膨胀、经济日益恶化。迫于形势,又有几个人离开了演剧十二队。面临既不能进行正常演出,又不能保证队员生活的困难,大家共同想办法,终于决定演出《清宫外史》。因为这部话剧共有三部,第一部《光绪亲政记》的演出经费主要来自服装和布景上,第二部和第三部只要稍加改动布景,服装不用再花钱。这样既节约开支增加演出收入,又远离"戡乱"剧。于是,队员们很快投入到《清宫外史》的排演中。

郑榕在《清宫外史》中扮演李鸿章,除此之外,也仍和在《大雷雨》中一样,承担了服装设计的工作。虽然是"兼职",但郑榕却不但出色完成了服装设计工作,而且和演剧十二队的大多数同志一样,勤俭节约,为演剧队节省了不少费用。因此,当年演剧十二队的万声同志对演剧十二队许多队员、对郑榕,都给予了很好的评价。

万声同志说,在艰苦的生活中大家都努力工作,到后来队上的条件逐渐向好的方面转化,但大家的作风不变,每次演出定预算的时候,布景、灯光、服装、道具等方面的同志,他们考虑的首要问题是不花钱能办事。只有那些非用钱不能解决的事情才列入预算。在实际工作中,宁肯自己贴点,决不不使个人占到队上一点儿便宜。

万声同志还特别以郑榕为例说,说郑榕为人正直、诚恳,是一位很用功的演员。郑榕业余的喜欢随便画点儿东西,在当时演剧十二队缺乏美工人员的情况下,上演《大雷雨》和《清宫外史》的时候,自告奋勇承担了服装设计工作。他选择的衣料大都是粗布与夏布,在关键之处配以绸缎,既达到了剧中人物形象与性格的要求,又使观众感到华丽美观,从而使演出费用大大减少。

□ 10．苦闷中的彷徨

1948年,重庆的剧场已经常停演,白色恐怖更是日益加剧。年中的时候,演剧十二队里的沙漠夫妇、诸葛明夫妇、李恩琪夫妇相继离队。此时的国民党政府也已走向崩溃的前夕。

几个月后,在南京解放后已经跟随国民党政府逃亡广州的特种勤务署,又逃回了重庆。因为是演剧十二队的主管机关,所以他们一到重庆,就占据了演剧十二队的驻地——中国电影制片厂的旧址。先是把礼堂内观众席的座椅全部搬空,接着在中间摆了几张桌子,就成了几个高级官员们办公的地方。原来的大摄影棚里更是住满了特勤署的职工和他们的眷属,一个好端端的摄影棚就像轮船上的大统仓,直弄得人声嘈杂、乌烟瘴气。

眼看着充满了艺术氛围的剧团驻地变成了乱哄哄的大杂院,眼看着特勤署的人把演剧的背景画片劈成一块块当柴

烧,无法改变这一切的演剧十二队的同志们只有忍气吞声、哀叹不已。

自从烧掉"戡乱"剧本烧后,演剧十二队也停止了一切演出。郑榕也更加苦闷了,最难过的时候,他曾为自己追求舞台艺术形象的动力开始下降而惆怅迷茫,也曾站在空洞的舞台上,为戏剧黄金时代的流逝而伤心落泪。

他也看不惯一些剧人的生活作风和争夺权势的派系斗争。有人说他是缺乏政治眼光的"没有思想的人",虽然那时出于正义感他也画过一些抨击国民党反动当局的漫画,甚至画了一张毛主席像挂在屋里。但他知道自己的政治觉悟并没有那么高,对当时祖国人民即将迎来全国解放的伟大意义并没有真正的了解。

所幸的是,郑榕在这个时期还读了许多书。因为在演剧十二队除了兼职服装设计的工作外,他还兼管队里的图书,所以只要有机会,他就会阅读一些文学作品。比如《战争与和平》《罪与罚》《约翰·克利斯朵夫》等世界名著。此外他还读了一些元曲,《演员自我修养》的第一章也是在这时候看的。

11. 盼望新生

除了看书,郑榕最爱做的就是受邀给重庆的几所中学的学生排演话剧。他非常喜欢和充满朝气的中学生在一起。先是为女中的同学导演《娜拉》,后来他又多次去了郊区花溪的清华中学,并先后为他们排演了《夜店》《日出》和《海啸》等话剧。

每当同学们热情地聚集在郑榕的周围时,他就和同学们一样,脸上挂满了笑容。没用多久,他就和那些中学生成了亲近的好朋友。当时重庆的学生都崇尚朴素,女中学生都剪短发,穿蓝布长衫或黑裙。虽然她们批评了郑榕的奇装异服,但也诚恳地劝他,要关心政治,多读政治和文学书籍。

有一天晚上,中学生们热情地拉着郑榕去参加他们的营火晚会,并一起观看他们在晚会上演出的活报剧《打倒四大家族》。学生们泼辣大胆的表演给了郑榕很大震动。他被中学生们真挚的热情和无畏的勇气深深感染,更从社会的黑暗里面感受到了一种新的戏剧动力,受到鼓舞的郑榕终于在迷茫中看到了新生!

他终于醒悟到,这正是自己身上所缺乏的。艺术和生活的关系应该是怎样的呢?这个问题引起了他的深思。离开清华中学的时候,学生们送给他一本带有赠言的纪念册,郑榕一直保留在身边。

一个热爱表演、追求舞台艺术的热血青年,在苦闷彷徨中看到了戏剧的新力量。走过了抗日战争,经历了解放战争的郑榕,正在历史的激流中逐步成长。

转眼到了10月,国民党的白色恐怖日益加剧,重庆的天气也进入了不见阳光的阴暗之中,但是此时中国大部分地区已经解放。随着10月1日中华人民共和国的诞生,人民解放军的大部队已经向四川挺近,仍然处在一片阴郁灰暗中的山城人民愈加盼望解放、盼望新生。

自三月演完《清宫外史》之后,演剧十二队已有半年多没有工作了。一天,苦闷之中的队员们忽然听到了来自解放区"华东人民广播电台"的广播。广播中说,四川的解放指日可待。

舞台之光 郑榕传

广播中还对重庆人民发起号召:广大的工人同志、机关干部们,以及各行各业的职工同志们,请不要听信谣言,坚守自己的岗位,保护国家财产及生产工具。人民的政权是欢迎你们的!

终于听到了来自新政权的声音!兴奋的郑榕和演剧十二队的同志们对中华人民共和国、对未来充满了期待和向往!

第五章 在中华人民共和国的五星红旗下

☐ 1. 迎接重庆解放

一转眼到了11月下旬，果然如解放区电台广播的那样，随着解放军大部队一天天向重庆的逼近，先是一连几夜胡宗南的败兵穿城而逃。溃不成军的国民党残兵败将一批又一批地经由重庆市区败退，并向成都方向逃窜。然后有三天，整个重庆就像是处于真空状态一样。街上商店全都关门了，几乎没有行人。接着，很多市区的人也开始向外逃走。

11月29日，重庆人民终于迎来了解放新生的日子！下午差不多5点的时候，忽然从重庆储奇门码头传来了轮渡的长鸣，这一声长笛，是轮渡驰向海棠溪迎接人民解放军入城的信号。立时，重庆沸腾起来，全城人民欢呼，重庆解放了！郑榕和演剧十二队的同志终于与山城广大人民群众一起投入到中华人民共和国的怀抱！

终于盼来了新生的郑榕更是异常兴奋，为了让新政权接管演剧十二队，一听书店人说街上来了八路军，郑榕立刻就去沿街找寻。走到一个小茶馆前，看见里面有不少人，他就

舞台之光 郑榕传

走了进去。只见在点着一盏小油灯的桌旁,一群人正围着一个穿长衫的人谈话。

郑榕急忙挤进去做了自我介绍,那个穿长衫的人告诉郑榕说,他是二野的先遣队,解放大军随后就到。看着人们围着他问长问短的,郑榕也对他说,他们演剧十二队已造好清册,只等候新政权接管。那个人就告诉他说,文工团不久就回来。

重庆解放的第三天,郑榕和一个艺专的同学一起去参观了渣滓洞。到了那儿他才看到,渣滓洞的外边围着很大一片土地,全都圈着铁丝网。旁边的人告诉他说,中华人民共和国成立前这里方圆几里地内都是渺无人烟,特务只要看见有人路过就开枪。郑榕他们去看的时候,掩埋死难烈士的两个大坑刚刚被刨开,尸体是遭枪杀后又被火烧的,当时杨虎城将军的尸体还没有发现。大坑里还有妇女和婴儿,有的后背插进了竹竿,实在是惨不忍睹。

从渣滓洞回来后,郑榕立即画了一张画,题目就叫《勿忘这笔血债》。紧接着他又观看了十二军文工团演出的歌剧《刘胡兰》,郑榕只觉得心潮激荡,兴奋不已,他已被舞台上的革命激情强烈地感染了。

不久,二野宣传部一个姓焦的科长来了,他负责把重庆的两个国民党演剧队,两个电影队组织起来办了一个学习班。其中还有一个是魔术队,它和两个电影队是在南京解放时随联勤总署逃来重庆的。

一个月学习班的生活、工作和学习都让郑榕感到兴奋和愉快。他们搬进了原来中国电影制片厂的旧址,学习班的伙食也办得很好。郑榕更是一人身兼数职,又办壁报又当学习委员。最后还打算排《李自成》,由他导演兼主演。

参加重庆文工团后,郑榕还光荣地出席了解放军的入城仪式。尤其是听了刘伯承司令员的报告,他更是激动。后来很长的时间里,他都忘不了刘伯承司令员在报告开头的那句话:我们本是一家人,长期分开了,如今又团聚在一起,要收拾一下打烂的坛坛罐罐,好好把日子过起来。当时听了,郑榕只觉得是那样亲切。

演剧十二队与重庆的另一支国民党演剧队以及两个电影队经过学习后,全都分配到重庆市文工团话剧队工作。成为重庆市文工团话剧演员的郑榕,又以极大的热情,投入到新的话剧表演艺术中。

2. 回到北京

正当郑榕积极准备自己导演和主演的《李自成》时,学习班却突然提前结束了。听到这个消息,还沉浸在学习班工作和生活快乐中的郑榕不由心中有些遗憾。之后,他与演剧十二队的同志一起被分配到了重庆市文工团话剧队。

20世纪50年代回到北京后的郑榕

历经日本帝国主义的侵略,国民党统治的磨难,由一个走过坎坷表演历程的国民党演剧队队员成为中华人民共和国文工团的话剧演员,回顾一路走过的历程,郑榕对未来更加充满信心。他暗暗下定决心,一定要把全身心都投入到中华人民共和国的话剧表演事

舞台之光　郑榕传

业中。

但是没有过多久，郑榕的情绪开始发生了变化，他不再那样兴奋和愉快，原来对新生活的热切向往，一心从事话剧表演的激情，似乎一下都降到了冰点。说起来，还是郑榕所处的重庆文工团话剧队的人员结构和周围环境对他产生的影响。

原来，重庆文工团话剧队的成员有一部分人是来自南京剧专的毕业生，他们既受过专业的戏剧表演教育，也有一定的舞台表演实践，相比于来自国立北平艺专油画系的郑榕，这些南京剧专的演员自然是"名正言顺"地成为话剧队的骨干。此外，话剧队中还有一些人是在南京解放后组成的南下工作团成员，从这点上看，不用说，他们对从国民党演剧十二队"改编"过来的郑榕，无疑也是一种无形的政治压力。再加上由于解放比较晚，当时重庆的政治情况也比较复杂，抱有不同目的站在不同立场的人说出的话，也对郑榕的情绪产生了影响。尤其是听到有人对他说"要把你们当俘虏看待"的话，郑榕的思想更产生了波动。

而接下来的一次秧歌剧的演出，则更加剧了郑榕的低落。那还是在不久后即将迎来新年的来临之际，话剧队决定排练小节目下厂演出。郑榕被分配在秧歌剧《二毛立功记》中扮演王二毛的角色。因为觉得自己不懂音乐，所以郑榕为扮演好王二毛，十分努力，也付出了很多。可是没想到演出后，有人竟对他说："有人说你演的是好莱坞的工人。"这一下，郑榕真是难受极了，他没有想到，自己费了那么大的劲儿演出的一个角色，到头来却落得这么一个评价。苦闷的郑榕思前想后，觉得自己应该离开重庆了。

终于有一天，他抓住了一个机会向领导提出想回北京的请求。虽然几经周折,但最后还是得到了领导批准。然而从重庆回北京毕竟路途遥远,首先要乘船到武汉,然后再从武汉乘火车回到北京,途中尤其是乘船沿长江直下到武汉,可说是险情重重。因此当年从重庆回到北京那段几乎是恐怖凶险的经历,郑榕一直难以忘怀,提起来,更是唏嘘不止,感慨万分。

郑榕当时是看见报上有关于"遣返还乡"的政策条文后才决定,要抓住这个回北京的唯一机会。于是他去向领导请求。因为当时郑榕正在为巴蜀中学排话剧《思想问题》,所以队上最初没有答应。他又请求了多次,最后终于得到了批准。

1950年5月,在有关部门的安排下,郑榕终于乘上一条木船从重庆出发。船上有两位负责人负责遣返的人员,后来郑榕还被选为组长。船是公家包的,一共上了几十个人,直把一只小木船坐得满满当当。一眼望去,船舷和江水只有一掌之隔了。

很快,他们在长江的"恐怖之旅"开始了。只见船老大身材魁梧,头缠蓝巾,身穿长衫,赤脚高站在船尾上把舵。船过三峡时,水势立时变得湍急。江边两岸更是高峰插云,天成一线。正近中午时,突然听到山上传来一声枪响。船老大立时停橹,凝神远望。船上人也都瞪大眼睛,这时已是万籁俱静,只闻江水滔滔。过了半天,又传来两声枪响,但声音已渐远。不过船上人仍是谁也不敢动,只是听任江水把船送下去老远。

原来四川刚解放不久,山中还藏有土匪,他们时常窜到江边,打死舵手,上船抢劫。这一船人不过是侥幸没有遇上。只不过,险情还没有结束。第二天,又遇到了从下流驶过来

的一艘江轮。结果迎面而来颠簸的余浪立刻让他们这条小木船急剧地摇晃起来。船上的人吓得站了起来,这一下,木船立刻失掉了重心。还好船老大临危不乱,只见他陡然大喝一声:"坐下!"船上的人立马被镇住,都坐在船上不敢动了。木船也一泻而下。

一直到黄昏时,小木船才停泊靠岸,这时,船老大才告知他们:昨天就在这里翻了三条船!一行人听了,不由心中后怕不已。

恐怖的长江之行终于结束了,小木船把几十个人送到了武汉后,政府又给他们每个人发了买上车票回家的路费。一别七载,郑榕终于回到北京,见到了白发苍苍的老母。全家庆幸地说,要不是解放,今生恐怕难得相见了。

3. 初进"北京人艺"

回到北京后,顾不得歇息的郑榕,立即开始为谋求工作而奔走。他先是来到中国青年艺术剧院,找到原来在重庆认识的张逸生夫妇,没想到他们说:"你来迟了,'青艺'人员已经满了,你还是到'北京人艺'去看看吧。"

这个时候的"人艺"即是原北京人民艺术剧院,也就是过去人们习惯称呼的"老人艺"。郑榕走进"人艺"时,突然听见有人和他打招呼。走近前一看,竟是在重庆时就认识的李乃忱。原来1947年在重庆演剧十二队演出《家》时,李乃忱曾带着几个学生参加了他们的演出。听说郑榕要来"人艺"谋职,李乃忱立刻热情地充当了介绍人。就这样,郑榕走进了"人艺"。

来到"人艺"后,郑榕才了解到,"人艺"的前身是华北人民文工团,其中包括歌剧院、舞蹈队、管弦乐队、话剧队等。人员结构方面既有曾是长征干部的院长,也有海外归来的歌唱家和闻名的昆曲老队员。此外,"老人艺"还接管了原国民党总统府的军乐队和演剧十队,可说是队伍庞大、人才济济。

刚刚回到北京不久就能够走进这样一所人员众多、规模庞大的话剧院,这让郑榕感到振奋又十分高兴。他还了解到,"老人艺"不仅有来自四面八方的各路人才,更是一个以歌舞剧为主的综合性剧院。院长李伯钊是个长征干部,还曾在苏联学习过芭蕾舞;副院长金紫光资历也很老,曾在延安京剧院主演林冲,后来他还担任了北方昆曲剧院院长,对振兴昆曲做出过很多贡献;欧阳山尊更是曾任"抗大"总校文工团副队长,是个参加过延安文艺座谈会的艺术家。

还有不少干部,如海啸、于村、郑律成、李德伦、刘郁民、韩冰……他们都来自延安,此外还有在延安曾红极一时的秧歌剧《兄妹开荒》的表演者李波与王大化。

歌剧队里也有从海外归来的声乐专家,如潘英锋夫妇、莫桂新等人。邹德华那年刚从美国回来,剧院还为她开了一个盛大的欢迎会。还有一位新加坡青年学生郑有国也怀着满腔热情加入了剧院。后来在1986年《茶馆》剧组去新加坡演出时,郑有国已经当上了新加坡电视台演员剧团团长,他热情地招待了"人艺"的老朋友。

这期间,郑榕还十分有幸目睹了当年曾与梅兰芳齐名的昆曲大师韩世昌演出的《胖姑学舌》,侯永奎的《夜奔》,马祥麟的《思凡》,侯玉山的《钟馗嫁妹》等昆曲剧目。

当时北方昆曲已处于濒临灭亡状态,中华人民共和国成立后这几位老演员被"人艺"吸收后,不仅出演了许多优秀的

舞台之光　郑榕传

昆曲剧目，还为中华人民共和国的民族舞蹈和昆曲艺术培养出来不少新人。乐队中更是不乏专家人才，像编进了"老人艺"的原国民党总统府的乐队，只要遇到迎宾盛典，他们便换上礼服去奏乐。

当然，走进"老人艺"的郑榕了解最多的，还是话剧队的情况。他首先看到，对比之下，话剧队的人员则较少，唯一的老演员是叶子。她1934年毕业于北京师范大学，随即考入刚刚成立的国立戏剧专科学校，成为该校的首届毕业生。抗战期间，叶子和中国著名戏剧家熊佛西结为伉俪，并在重庆、成都演出过很多话剧。"人艺"成立后要排演话剧《莫斯科性格》，需要一位能穿好高跟鞋的女演员来扮演主角市委书记。凤子向李伯钊院长推荐了她。于是叶子便成了"人艺"话剧队的成员，并和韩冰一起担任了话剧队的队长。

叶子认为一个剧院要想有好的演出水平，关键要注意发掘青年人才。她曾看过董行佶在十七八岁时扮演《清宫外史》中的寇连才，觉得他的表演很出色，便向院长推荐了他。同时叶子还向院长介绍了梅阡夫妇。梅阡毕业于上海东吴大学，有文学修养，中华人民共和国成立前导演过不少话剧和电影。

郑榕还了解到，"老人艺"当时还有四位刚从清华大学西方文学系毕业的大学生，分别是英若成、吴世良、蒋瑞、罗式刚。他们热爱戏剧事业，坚决要求来话剧队工作。他们的参加，使"老人艺"话剧队增添了一支生力军。

尤其是后来当过文化部副部长的英若成，他是满族人。祖父在清朝总理衙门办过洋务，父亲英千里是原辅仁大学外文系主任、校长。中华人民共和国成立前夕，英千里抵台后任台湾大学校长教书育人，可谓桃李满天下，不少人还在美国成为专家。英千里逝世后，蒋介石还亲自为他题写了墓碑。

英若成自幼在天津外国语学校就读，和外国孩子一起长大，外文之熟练，连西方人士都交口称赞。吴世良是原交通大学校长的女儿，后与英若成结婚，任曹禺秘书多年，不幸早年病逝。蒋瑞在"人艺"从事编辑工作，"文革"后整理出版了《焦菊隐戏剧散论》《龙须沟舞台艺术》等书。罗式刚是老舍好友著名教授罗昌培之子，后来他离开剧院，从事对外服务公司的工作了。

中华人民共和国成立前在北京还有一个国民党的演剧十队，后来也被吸收进"老人艺"的话剧队了。队长沈默早年在南方演文明戏成名。抗战开始后，在武汉参加了救亡演剧队的工作，表演经验丰富。后来他在《雷雨》中扮演鲁贵，获得众多好评。

这是一段当年郑榕对他刚刚走进的"老人艺"的"初识"情况，从另一个方面看，无疑也是"人艺"的一段历史。

4．学习与提高

刚刚走进"人艺"的日子，郑榕印象最深的，除了剧院的声势浩大和各路人才的聚集，就是提高政治思想觉悟的学习了。虽然这对于从旧社会走过来并在国民党演剧队从事过话剧演出的郑榕来说是从未经历过的，但通过学习，郑榕的眼界开阔了，思想认识上也有了很大提高。因此，从国民党演剧十二队到"人艺"，郑榕不仅走进了一个他完全没有想到的全新的艺术创作天地，思想境界也有了很大的转变。

舞台之光 郑榕传

郑榕最早学习的是毛泽东的《为人民服务》。学习后,他不由想起了自己曾经走过的话剧表演道路不过是一条个人奋斗的道路。在上学时期考进了业余剧团,但敌伪统治下的生活把他逼走了。在成都私营剧团里虽然演上了主角,却难以忍耐生活上的贫困。参加了国民党官办的演剧队,但在法西斯统治下,却长期不能演出,想起来,过去自己走的个人奋斗的道路是多么的悲苦呀!就在他抱着重庆一家剧场的柱子为空洞的"艺术之宫"落泪时,全国人民在中国共产党的领导下,奋力推倒压在中国人民头上的三座大山。革命胜利了,人民解放了,艺术才获得了新生!因此郑榕说:"想起来,在伟大的洪流面前,个人又是多么渺小啊!"

不久,"人艺"决定排演院长李伯钊等任编剧的歌剧《长征》。郑榕虽然因不太擅长音乐而未在该剧中出任角色,但积极向上的他仍然以极大的热情投入到工作中。他发挥自己的绘画天赋,为当时剧院的各类演出画海报、画速写,像《王贵与来香香》的海报、舞蹈队排练的《生产大歌舞》《黄河大合唱》,以及昆曲、京剧的演出,全国少数民族舞蹈舞会演等,郑榕都用自己的画笔为剧院留下了宝贵的资料。

而郑榕曾目睹和经历的歌剧《长征》的排练过程,则更让我们看到了当年那个声势浩大、充满朝气、活力十足的"老人艺"。

1950年,剧院排演歌剧《长征》。舞台上首次出现的毛泽东主席的形象是由于是之扮演的。那时于是之刚刚24岁,同时他还担任剧院话剧队团支部书记。为了扮演毛泽东主席,于是之刻苦地攻读了毛主席的全部著作。杨尚昆同志还特地安排了让他进入中南海观察毛主席的日常生活动态。

为了排好《长征》,李伯钊院长动员了各方人力前来支援,还请来一些老红军提意见。公安司令部的钱德义同志被聘为军事教练,陈锡联将军也亲自为演员的持枪动作作示范。几位老帅也被请来了。在排练厅里,郑榕见到了陈毅和贺龙,二人身着短袖纺绸衬衫,手挥纸扇,他们语音爽朗,笑声连连,声震排演厅上下。

连排那天,把朱总司令和周总理也请来了。郑榕在排演厅见到了慈祥亲切的朱总司令、放声大笑的陈毅将军,还有敬爱的周总理。连排过后,李伯钊院长请总理提意见。总理还请李伯钊院长给大家唱首歌。没想到,平日一贯端庄严肃的老院长竟变得忸怩起来,就像一个十几岁的少女一样含羞躲让,大家几经催促,她才唱了一段红军歌曲,唱完后还满脸通红,像大红布一样。在座的老帅们哈哈大笑。排演过后,无论是革命前辈平易近人的风度,还是他们对同志亲密无间的友爱,都深深印在了郑榕的脑海中。

第六章　踏上革命戏剧道路

□1.《龙须沟》诞生的前前后后

歌剧《长征》演出后，在李伯钊院长的主持下，"老人艺"又排练了话剧《龙须沟》，结果在1951年2月首场演出后即引起极大轰动和反响。

《龙须沟》是我国著名文学家、剧作家老舍先生回国后于1950创作的第一部作品，也是他的话剧代表作之一。

郑榕在《龙须沟》中的赵大爷剧照

龙须沟在中华人民共和国成立前是北京城南天桥附近一条肮脏、秽气熏天的臭水沟，老舍先生在该剧中通过对生活在龙须沟旁的以程疯子、丁四嫂、赵大爷、小妞子等为代表人物的描写，不仅歌颂了人民生活发生巨大变化的新社会，更生动鲜活地展现出中华人民共和国诞生前后北京底层老百姓的生活风貌和民俗风情。因此《龙须沟》演出后，广受好评。

《龙须沟》对北京人民艺术剧院来说,不仅是建院以后的起家戏,更是一部有着特殊意义的大戏。当年,受李伯钊院长的邀请,担任北京师范大学外文系主任的焦菊隐先生调来"人艺"担任《龙须沟》的导演。在他的带领下,郑榕和于是之、叶子等年轻的话剧演员积极投入到《龙须沟》的创作中,从而为日后"人艺"现实主义表演风格的形成奠定了重要基础。

如今,当年曾经参与《龙须沟》创作的年轻演员,很多都已成为受人尊敬的表演艺术家,《龙须沟》创作的成功,不仅成为他们的一段美好回忆,更是他们演艺生涯中一抹浓重亮丽的光彩。

郑榕在《龙须沟》里扮演赵大爷。那时他只有26岁,在演剧十二队中他也从来没有出演过这样的角色。但经过一番"磨砺"后,郑榕将一个从旧社会到新社会生活在老北京最底层劳动者的形象,成功地塑造于舞台之上。这一"磨砺",也成为郑榕在中华人民共和国话剧舞台塑造新角色的开始。因此郑榕称扮演《龙须沟》中的赵大爷"对我是一次严肃的考验,也是我踏上革命戏剧道路的第一步",是自己一个"新的起步"。

提起当年排演《龙须沟》,郑榕觉得《龙须沟》的成功,是赶上了好年代,赶上了好的编剧和剧本,更赶上了一个优秀的导演,因此他至今难忘那个年代,难忘作家老舍,难忘导演焦菊隐,难忘排演《龙须沟》的体会和收获。

(一)令人难忘的年代

郑榕是在1951年参加《龙须沟》排演的。他认为,这是话剧史上一次划时代的演出,浓郁的生活气息、鲜明的劳动人民的形象,受到观众热烈的欢迎。同时那也是个令人难忘

的年代。

当时郑榕从重庆乍回北京,感觉就像《桃花源记》一样,古老的北京城变了样:炉灰渣垫的街道,天天有人洒水,不再黄土狼烟、踩下去扑扑地响。过去常年紧闭的大门,也多半四下敞开,院里窗明几净,犄角旮旯见不到一点儿垃圾。小孩丢下一张糖纸,马上就有老太太过来捡走。路不拾遗,夜不闭户,在那个年代真是成了毫不夸张的现实。

他还看到,北京的人也变了,过去深居简出的老人们在屋里待不住啦,他们都换上了整洁的衣服,老头儿聚在马路口交谈,老太太站在门口打招呼,人人带笑容,个个讲礼貌,好像过年一样,心里都乐开了花。

(二) 老舍先生和《龙须沟》

郑榕还了解到,刚刚从美国归来不久的老舍先生是在1950年创作的话剧《龙须沟》。老舍先生自幼在北京长大,童年时在北京经历的苦难,让他在回国后看到祖国发生的变化自然会有更深的体会。因此当他听到彭真同志在讨论1950年北京都市建设计划的指示——"首先消灭掉北京历来统治阶级从来不去,从来不管的肮脏臭沟——龙须沟"时,立刻抓住了这个主题,创作了话剧《龙须沟》。

老舍先生说过,感谢政府的岂止是龙须沟的人民呢!我受了感动,我要把这件事写出来,不管写得好与不好,我感激政府的热诚使我敢去冒险。

因此,郑榕回忆说:"《龙须沟》是老舍先生专为北京人民艺术剧院写的第一个剧本,也是他正面歌颂新社会打头炮的作品。这一炮打得挺响,它表明老舍先生和'人艺'首次合作的成功,也奠定了老舍先生和'人艺'的密切关系,更为中华人民共和国成立后老舍先生的话剧创作打下了坚实的基础。

《龙须沟》的成功,离不开老舍先生!"

(三) 焦菊隐先生来到"老人艺"

郑榕参加《龙须沟》的演出,最忘不了的人,就是导演焦菊隐先生。他认为《龙须沟》的成功,还有一个重要的人,就是导演焦菊隐先生。提起来,还得从李伯钊院长接到《龙须沟》剧本后说起。拿到剧本的伯钊院长当即嘱托演员叶子将《龙须沟》剧本带给焦先生看,并告诉他说,剧院决定排这部戏,同时希望能够请到焦先生来担任《龙须沟》的导演。

焦菊隐先生当时是北京师范大学外文系主任,他早年毕业于燕京大学,后留学法国。他一贯的治学态度是"不学则已,学,就要追究到底"。但是作为一个治学严谨的教授学者,在中华人民共和国成立前要想依靠"个人奋斗"来完成戏剧方面的学术试验,是很难受到人们的关注的。因此,尽管觉得剧本显得单薄了些,开始有些犹疑,但是焦先生最终还是接受了伯钊院长的邀请。

焦先生之所以接受担任《龙须沟》的导演,是因为他的心中一直有一个"实现话剧革新的理想"。而这一理想,还是源自他对契诃夫戏剧的热爱。焦先生曾在1942年到重庆后翻译了《契诃夫戏剧集》和丹钦柯的《文艺·戏剧·生活》,其中让他最受启发的就是《文艺·戏剧·生活》中谈到契诃夫的《海鸥》演出从失败到成功的经历。

《海鸥》最初被推荐到彼得堡的皇家剧院,那里虽有很多著名的大演员,却都对这个剧本感到头昏脑乱。这也让他们很久都不能够掌握作家意念中的形象,台词也找不到合适的调子去诵读。这个戏里没有只靠"演员气质"和那些陈腔滥调的表演"套数"就能成功的场面。契诃夫观看排戏时就说,演员们表演得过多了,必须做到像现实生活里那样。这话说

舞台之光 郑榕传

来容易，做起来可就困难了！结果首场演出失败了。戏一演完，契诃夫就悄悄离去。他告诉家人，这次的教训是：一个人不应该写戏。

后来到了1898年，莫斯科艺术剧院成立了，他们不顾契诃夫的反对，坚持要排演《海鸥》。这个剧院是以完全革新的方法组成的。它对演员的要求是：不要表现任何东西，把演员的个性从刻板化的形式束缚中彻底解放出来，使他们在舞台上的一切表现都发自内心。每演一个新角色，都是一个新人物的诞生……这一次《海鸥》的演出，竟获得了巨大的成功。也从此奠定了莫斯科艺术剧院的基础。这段历史深深触动了焦先生，从此他一直怀着"要导演一出引发轰动效应的戏剧"的梦想。脑海里萦绕最多的就是"有一天，我也能在中国进行这样的试验吗？"

看了《龙须沟》剧本后，焦先生觉得他等待已久的机会终于来了。他看到，虽然老舍先生谦虚地说他不太熟悉舞台技术，但是那些脱离生活，用人工矫造出来的、僵化了的舞台技术又有什么价值可言呢？虽然《龙须沟》里没有神出鬼没的布局，没有口号式的对话，没有冗长的描写，然而它却有着真实的生活。他终于看到了一群活生生的人物，一群他童年时就十分熟悉的生活在北京大杂院里活生生的人物！

焦先生兴奋了，他觉得剧本里鲜活的人物一个个就像金子一样闪闪发光！他决定接受伯钊院长的邀请。尽管他一度产生过"期待已久的一天终于来到了吗？剧院是否能按照我的要求进行一次革新试验呢？保住自己教授的职称不是更稳妥一些吗"等疑虑。

"这也许是一条痛苦多于欢乐的路，但我还是要走下去。

因为这是我多年的梦想,也是很多前辈的梦想。"①这是焦先生在临离开之时,写给北京师范大学外文系师生告别信中的一段话。之后,焦先生就毅然辞去教职,走进"人艺"开始了他的导演生涯。

郑榕很崇敬焦菊隐导演,他回忆说:"中华人民共和国成立初期,人们多以同志相称。李伯钊院长为了尊重专家,称焦菊隐导演为先生。从此沿袭至今。焦先生来到'老人艺'担任导演后,话剧队便产生了划时代的变化,这是开始时期谁也没有料到的。焦先生对奠定北京人民艺术剧院的艺术风格以及在话剧民族化的探索方面有着不可磨灭的功绩。"

(四)焦先生要演员们下去体验生活

焦先生在答应出任《龙须沟》导演的同时,也提出了一个条件:全体演员都要下去体验生活,为时两个月。得到焦先生回信的李伯钊院长喜出望外,她吩咐赶紧建立剧组,并催促演员立即下去,因为龙须沟的翻修工程已经开始,再晚就怕见不到原貌了。

李伯钊院长一声号令,话剧队整个动起来了!副导演是金犁和凌琯如,角色分配也已定下。接着就是请老舍先生亲自来读剧本。郑榕觉得听老舍先生读剧本是最美的享受,因为它激起了大家丰富的联想和强烈的创作欲望。

1950年8月的一天,副导演金犁和凌琯如带领剧组几十人,顶着骄阳烈日,浩浩荡荡开进龙须沟。在天桥前一站山涧口下电车,向东转入一条胡同,走出数十步,豁然开朗,土地平旷,俨然郊野。未见良田,便有一股臭气扑鼻而来。最先入目的是几排染房高架,进而矮舍泥屋,渐收眼底。

---

① 郑榕:《我和北京人艺》,东方出版社2000年版。

舞台之光

郑榕 传

一条臭沟,蔓延房前,沟水黏稠,墨绿杂陈,泡沫翻滚,蚊蝇溷集……顺着沟沿只能单排人行进,透过坍塌的短墙和歪斜的院门,可以看见院子里晾晒的破被褥和手工活儿,房檐下堆着破烂儿。带路的居民干部提醒大家走路要小心,她说:"这儿要是一下雨,沟沿就滑得站不住脚,稍不留神就会滑进沟去。"

这里的人们整天干着各种各样的手工活儿,叮叮当当声不绝于耳。他们对演员们说:"龙须沟是北京最低洼的地方,一下大雨,四城的积水全往这儿流,臭沟立即泛滥成灾。一些垃圾脏物随着臭水入院进屋,淹箱上炕,造成房屋倒塌。雨过水退,满炕都是大尾巴蛆。"如今人民政府就要为他们铲平这个旧社会留下的毒瘤,人人心里都乐开了花。

第二天,演员开始个人行动,自己下去选择采访对象了。一个人发两本笔记本,大家每天回来写心得日记,在上面写自己对人物的理解,写完后交上去,送给焦先生审阅。他在日记上做批注,指出大家的得失正误。第二天头一本发下来第二本再交上去,反复轮换,跟小学生交作业一样。这个活动坚持进行了两个月。

演员个别下去后,很多人都有了丰富的收获。于是之建议把程疯子定为单弦艺人,叶子体会到了"刀子嘴,豆腐心"的劳动妇女的忠厚善良,李晓兰等很快便交上了知心好友,英若成结识了有着慈祥心肠的大胡子老头儿。

在体验生活中,最受启发,也是收获最大的是于是之。他这次是第二次体验生活了,也有了一些经验。老舍先生的剧中没有明确主人公程疯子的身份是唱单弦的,是饰演程疯子的于是之在体验生活之后特别设定的。过去,艺人们摆地儿卖艺都在天桥,于是之就在天桥附近找了几个单弦艺人,每天都和他们聊天。通过与一位单弦艺人的交谈,受到很大启发。他发现,在表达"肯定"意思的时候,单弦艺人会拉长声音说一声"对了",好像是很费了一番思量才说出来似的。

还有一个姓汤的单弦艺人在提到这门技艺时,最感慨的是"只可意会不可言传",他的语气中带着三分自傲、三分自得,还有三分自卑,一边说还一边品咂着这句话的滋味。于是之觉得他开始慢慢找到了"程疯子"的感觉。一个落魄艺人有些羞愧地说了一句"恨不得哪儿找个地方猫起来"的话,后来也被于是之用在了程疯子的台词里。

这样的生活郑榕从来都没有经历过,所以开始他便走了一个大大的弯路。他对此回忆说:"只有我迟迟没有改变旁观者的地位,老想按图索骥来发现和剧中角色完全相同的形象,结果两个月的体验生活毫无所获,空手而归。进了排演场,只好拿出老一套的程式化表演来搪塞,受到焦先生的严厉斥责。"

(五) 在艺术创作上新的起步——到人民中去

参加《龙须沟》的排练、演出,郑榕虽遇到不少困难和问题,但也学到很多东西。郑榕扮演的赵大爷是个老泥瓦匠,这样的形象在以前的舞台和银幕上很少。导演焦菊隐先生要大家从劳动人民的生活中去寻找创作依据,排演前布置演员到龙须沟体验生活,对郑榕来说,这无疑又是一个新的课题。

他说:"开始我不知从何下手,错把调查分析当成了主要目的。没有深入下去交几个知心朋友,也没有在比较中寻找自己的思想差距,因而感到体验生活和表演人物很难结合在一起。我在龙须沟指名寻找老泥瓦匠,结果和人家交谈后,发现对方思想保守,和剧本中敢于抗拒反动统治、能说服和

教育落后思想的赵大爷有很大差距。让我感到失望也感到惶恐,甚至对剧中人物的真实性产生了怀疑。

后来一篇关于电影艺术方面的论文,对我颇有启发。其中提到'应该认识到以前这些人物生存期间的社会所产生的缺点,找到他们在长期反动统治桎梏之下的具体的人类品质,有坚强的韧性和对于物质幸福的渴望,这才是真实的一面。'

龙须沟有一位王大爷,性格开朗,笑容满面,群众关系很好,可是因为他不是泥瓦匠,也不具备剧中人物那样的倔强性格,郑榕就没有和他深入接触。他总是想在生活中找到一个职业、性格、思想、年龄和剧中人完全一样的人,实际上是不可能的。即使能够找到,倘若照样去模仿,在舞台上也不会创造出一个活生生的形象来。

不得不说,这段体验生活对郑榕来说收获不大,因而等到一进入排演场他就傻了,人家都把从生活中积累的经验拿出来,他这儿什么都没有,只得借助于一套程式化的表演手法。焦菊隐导演对旧套子的陈腐演技深恶痛绝,他见郑榕伸着两臂摆来摆去,便责问道:"你在干嘛?在抓蚊子吗?"他是在提醒郑榕首先要找到人物的共性,然后是"这一些人"的特点是什么,还有就是进一步再挖掘"这一个人"的特性。因此,他对郑榕说,在表演赵老头时不要只抓住他说人劝人的一面,而忽略了他个人的日常生活,否则任何动作和技巧也不能使这个人物活在面前。

郑榕当时在日记里曾这样总结自己走弯路的原因:大概是理智分析太多了。焦先生则批语道:你是把分析当成目的了,艺术构思是形象思维,不是理性分析,戏剧最重要的一条是要给人看的,一定要通过行动在舞台上表达出人物的内心和形象。

焦先生当时还问过郑榕,你知道泥瓦匠平时是什么打扮吗?郑榕说,我还真不知道。他就说,这泥瓦匠啊,干的是脏活,身上却要干净,再怎么和泥瓦弄,身上也要半点泥星儿都不溅。人家来雇瓦匠,看见身上脏的,就说这是力巴(北京土话,生手的意思),是不会干活的。另外泥瓦匠总在房顶铺瓦修房,鞋要穿小号的,否则一踩进瓦缝就把鞋给夹下来了。裤腿儿也要打腿带,而且要扎紧了,因为要站在房顶上干活,所以腿脚都要扎得很利索。此外,由于常年拿砖,所以泥瓦匠的手指合不拢,不管什么时候,手总是揸揸着。他还让郑榕不断做一些打蚊子、擦汗、系腿带等生活小动作。

从此,郑榕每天都要早起一个钟头,在排演之前先到朝阳门外大街闹市上去体验生活。那条街很热闹,各种各样的劳动者多极了。见到那些吃早点的、卖菜的、摆摊儿的、遛早儿的老人,郑榕就盯着不放。郑榕观察他们神态手势,模仿他们的语调,和他们攀谈,尽量使自己成为他们中的一员……到最后化妆彩排时,人物基本上得到了肯定。站在化妆室的镜子面前的郑榕也感到惊奇:原来赵老头是这样一个人!后来老舍先生说:郑榕婆婆妈妈的还真像个老泥瓦匠。这个"婆婆妈妈"才算给赵老头定了性。

中华人民共和国成立初期,不少演员要闯过两道关:一是表现真正劳动人民的形象,而不是从知识分子的眼光去表演。二是为了表现真实的生活必须探索新的表演方法。不少老演员因过关不利,演剧生涯便停滞不前了。郑榕觉得自己有幸遇到焦先生,是焦先生引导他走上了一条新的艺术道路——从生活出发。

焦先生曾对郑榕说过,作家依据生活,挖掘出人物丰富而复杂的思想活动,提炼成为具有行动性的语言。导演把它

们组织成为具有语言性的行动来体现语言,这就是语言与行动之间的辩证关系,也就是戏剧艺术的对立统一规律。

他还说,中国戏曲是在行动中间来介绍人物的,一开始就出现矛盾,人物就行动起来。

例如《龙须沟》第一幕结尾,程疯子冲出屋外:"我走!我走!咱们惹不起还躲不起!"

这一大段戏是在排练中丰富起来的,它和一般话剧中的独白不同,通过和程娘子的争吵、发疯,把人物的心理做了充分地揭示,把全剧推向了高潮,观众的心也提高到了顶点,达到了极高的享受。在电影中就没有这样的表现了。

(六)《龙须沟》是中国话剧史上一次划时代的演出

《龙须沟》在1951年2月首演时,其浓郁的生活气息,鲜明的劳动人民形象,受到观众热烈的称赞,在话剧舞台曾轰动一时。于是之曾说:"舞台刚刚上演,廖承志同志看完戏就写信给李伯钊,他认为'这戏充满爱、感情'……周扬同志欣赏狗子来向疯子认罪,疯子只叫狗子:'你把你的手伸出来。给我瞅瞅!(看了看他的手,说)啊,你的也是人手哇,去吧!'周扬还评价这两句台词是'有斤两的'台词……从这两句台词里,也可以感觉到老舍先生人道得多么可爱乃至天真。我甚至想说,这样的被周扬称作'有斤两'的台词,只能出现在50年代初……这样一想,《龙须沟》在中华人民共和国戏剧史上的特殊地位,也显得更明晰了。"[1]

叶子大姐在《龙须沟》中表演得很出色。她扮演的丁四嫂外形邋邋遢遢,衣貌不整,叶子在舞台上却一点儿不招人反感,她演出了一颗善良的心。为演丁四嫂,她不惜把自己

---

[1] 郑榕:《我和北京人艺》,东方出版社2000年版。

的嗓音变哑,这种自我牺牲的精神在戏剧界传为美谈。

值得一提的是《龙须沟》中群众演员的创造。原来剧中的第三幕"茶馆避雨"在文学剧本里只有两句简单的提示,焦先生把它发展成为一场戏。他改变了群众就是"活道具"的陈旧观点,坚持从生活出发,对表演群众的演员提出了三点要求:要体现出人物的职业性,个性要鲜明,人物关系要具体,并通过深入生活做小品练习。最后确定了二十七个不同的人物。观众看到的虽是一群不知名姓的人,但都是一个个活生生的人,可以分辨出他们是打鼓的、剃头的、扛大个的、送煤的,他们之中有吵嘴的、劝架的、埋怨的、安抚的,整个舞台呈现的是一片生活的景象。

由于《龙须沟》演出效果很好,北京电影制片厂决定将它拍成电影。开拍不久,曾因开展"三反""五反"运动一度停拍。运动结束后继续拍摄。演员做了较大调整,邀请原来舞台剧中四名演员参加:于是之演程疯子,叶子演丁四嫂,黎频演王大妈,郑榕演赵老头。程娘子和丁四分别由于蓝和张伐扮演。这是郑榕第一次参加拍电影。他记得当时在北影厂后院挖了一条沟,风车雨车,雷鸣电闪,一齐开动。人们在水里爬,泥里滚,比舞台上真实多了!这一年郑榕28岁,化的老头妆在平光下有时穿帮,眼睛瞪得太过,眼眶像两个大黑洞。

几十年过去了,提起当年参加拍摄电影《龙须沟》,郑榕不由感慨道:"电影导演部分处理和舞台上不同,原来丁四嫂和丈夫吵架,责骂孩子的戏都删改了,说是怕有损劳动人民的形象。扮演小妞子的陈式温和演二嘎子的牛犇,形象逼真,简直演活了!演区长的史宽,1942年在四一剧社和我同台演过《日出》,他演张乔治,我演黑三,那是他舞台上第一个正式角色。1989年去上海在机场遇到他,还是很帅的小生模

样;我呢,倘若今天再演赵大爷就用不着天天剃头染白发茬了……弹指一挥间,前些年遇到演冯狗子的封顺,他屈指一算,当年一起拍《龙须沟》的同志有不少人已经离开了我们,至今故去的已接近一个整数了——导演冼群、田烈、周涧、莽一萍……他们是多么好的同志啊!"

《龙须沟》是"人艺"第一部保留剧目,是中国话剧史上一次划时代的演出,当年不仅得到"在新话剧艺术的实践里迈进了一大步,奠定了坚实的现实主义艺术风格基石"的好评,还被推荐到中南海内为毛主席演出了一场。

郑榕说,"人艺"不少演员和舞台美术设计者后来的艺术成就大都是通过排《龙须沟》打下了技术基础的。《龙须沟》也是郑榕开始跨上革命戏剧道路的第一步。

□ 2.《雷雨》的创作道路

郑榕在《雷雨》中饰演周朴园的剧照

1953年,刚刚成立不久的"新人艺"决定排演话剧《雷雨》。该剧是中国著名文学家、剧作家曹禺先生的代表作,也是中国"五四"以来最优秀的剧目之一。《雷雨》从1954年公演后演出了好几百场,在剧中扮演周朴园的郑榕也从30岁一直演到了退休以后。

相比于《龙须沟》是自己踏上革命戏剧道路的第一步,郑榕觉得在《雷雨》中扮演周朴园,其创作的道路不仅漫长曲折,更是自己"演剧的一生中重要的一站"。因而曹禺和他的戏剧,《雷雨》的创作,都成为他最难忘的记忆。

1961年,《雷雨》剧组主创人员在北海公园

(一)曹禺的剧本对培养郑榕的演技起过重要的作用

1952年初夏,根据刘少奇"专业归口"的指示,中央戏剧学院话剧团和北京人民艺术剧院话剧队合并,组成了北京人民艺术剧院("新人艺")。院长曹禺,副院长焦菊隐、欧阳山尊、赵起扬,人称人艺"四巨头"。建院伊始,"四巨头"为新剧院的宏伟蓝图进行了为期一周的畅谈和设想。他们研究了莫斯科艺术剧院的剧目建设,同时也强调北京人艺应该有我们自己的特色。通过学习、训练和实践,逐步统一创作方法,最后建成一个获得我国观众喜爱并逐步走向世界的一流剧院。

1953年第二次文代会以后,"人艺"决定选排一个"五四"以来的优秀剧目,经过讨论,决定先排《雷雨》。《雷雨》是"五四"以来的名剧,郑榕在学校读书的时候,到处都在上演,可说是妇孺皆知。他觉得这个戏之所以能博得广大观众的喜爱,是因为它忠实地反映了那个时代的生活。

曹禺院长是广为人知的一位戏剧家。1934年,《雷雨》剧本在《文学季刊》上发表,国内外文化界人士为之惊动。那一年,曹禺先生才24岁。半个多世纪以来,中国的话剧演员都是通过排演曹禺的剧目成长起来的。郑榕还记得,早期学校里排练的多是一些短剧,如《五奎桥》《获虎之夜》《回家以后》等。到了20世纪30年代后期,《雷雨》《原野》便取而代之了。因为这样的大戏不仅能构成一个晚会,而且在这些剧本里有着曲折动人的情节和色彩鲜明的人物。当时热爱戏剧的年轻人争着扮演其中的角色,因为他们觉得这才叫"戏"。作为观众,也可以把观看曹禺剧作的演出当作窥视社会的窗口,在似梦似真的美的感受中上一堂社会知识课。

还有一位早年在中国旅行剧团扮演过周朴园的老演员告诉郑榕:那时有的观众像听京戏一样,闭着眼睛、打着拍子来听《雷雨》的台词。不少人心目中都有一个繁漪、一个周朴园,如同人们心目中都有一个林黛玉、一个贾宝玉一样。

(二)《雷雨》开排之前,照例是去体验生活

1954年剧院决定排演《雷雨》,由郑榕演周朴园。开排时,导演夏淳提出:要符合历史的真实,不能让旧时期的人物现代化。为了熟悉那个时代的生活,大家用了几个月的时间去体验生活,给郑榕留下最深印象的是他们访问了几位中国最早的留学生和企业家。其中有父亲担任清廷驻外使节的,有从小把他带出国外的,还有的是李鸿章、张之洞办洋务时选派出洋的。据他们说那时留学生有三种类型:第一种是真正想镀金拼命读书的;第二种是半工半读的;第三种是在国外搞政治的。他们大都具有一颗爱国之心,但缺少用武之地。少数人借第一次世界大战之机回国兴办企业——如"抵洋"毛线、"启新"洋灰、"久大"精盐等,但都困难重重,好景不

长。也有些人回国后寓居租界,在声色犬马中虚度一生。有一个人曾为了抗议租界公园门口前悬挂"华人与狗不得入内"的牌子,发起了一次"不参加洋人舞会"的活动,这大约是他一生中最值得纪念的一次爱国行动了。

北洋政府代理国务总理朱启钤是在国外学工程的,回国后也设计过一些桥梁建筑。1954年,郑榕和大家一起去他家拜访时,一进门就见一块大牌匾,上面依次刻下他一生设计、建造的各项工程,像是一面煊赫的记功牌。那时虽已解放多年,可他家中的生活依然是前呼后拥,花团锦簇,吃饭时儿媳等侍立一旁不得入座,室内帘幕重重,仍然保留着从前的生活习惯。

他们还访问了石景山煤矿,参观了旧社会留下的小煤窑。郑榕看到,工人从一个仅可以容身的小洞口爬上爬下。在"锅伙"(室内一个火炉,一个大炕,工人赤身挤在一起,用冷水一泼,就能再缩出一个人的铺位来)里一个土炕上要睡十来个工人。过去经理住的小洋房建在最高的山顶上,后院有个小栅门,门外是个断崖,下边就是许多工人的葬身之地。据老煤矿工人讲,从前的经理都不在矿上住,来的时候坐小汽车,山下好几里地都要戒严,还布下持枪的军警,工人们根本看不到那些人的面。

此外,大家还搜集了不少旧照片、旧画报,阅读了一些有关的中外小说。

(三)迈开进入角色的第一步

体验生活让郑榕获取了大量的生活素材,而对这些生活素材如何进行选择,则成了他在创造中遇到的第一个难关。

那是在戏开拍以后,由于郑榕老想着人物的身份、派头,导演指出他太硬、太躁,缺乏"书香气"。为了培养这方面的

舞台之光 郑榕传

气质,郑榕选了一些古诗词来诵读,有一次在树下低吟乐府古诗《孔雀东南飞》,竟有感落泪,这时他忽然悟到一点儿人物的自我感觉:在半封建半殖民地的旧中国,像周朴园这样的老一代资产阶级,大多出身于封建门第。从小受的是封建教养,虽然曾出国留学,但中国古典诗词中那些令人一唱三叹的青年男女的忠贞爱情在他的思想中、心头上,想必也保留着难以忘却的位置。

因而郑榕认为周朴园年轻时对侍萍的爱应该是真诚的。他想每当他读到《孔雀东南飞》或陆游的《沁园》诗的时候,未尝不是"犹吊遗踪一泫然"的。

为了培养这种"怀旧"的感情,郑榕从一堆旧照片里翻出一位清末民初青年妇女的两张小照来,一张是她焚香鼓琴的,一张是她和一个婴儿的合影。此人雍容、淡雅、安详,郑榕便照样画下来放在桌前,作为侍萍的照片与之朝夕相对。

由此又勾起一些往事的回忆。他记得20世纪30年代天津洪水过后,自己隔着一垛泡塌的墙缺口,看见一个身着短衫的白须老翁,站在阳台上破口大骂。看里面高墙深院,像是官宦人家。后来才听说这个人年轻时,爱上一位侍女,为了把她培养成理想的妻子,甚至送她去日本留学。不料这女人出国后,竟摆脱了他,自己走掉。这个打击使他一下成了疯子。郑榕从这事联想到,各个阶级的爱固然有所不同,但不能说资产阶级绝对没有真心的爱。于是,郑榕从周朴园对侍萍的爱,迈开了进入角色的第一步。

(四) 想突出周朴园的罪恶,结果走了弯路

1954年初排《雷雨》,初始工作是进行阶级分析。郑榕把周朴园定成了"一号反面"人物,造成几个月的体验生活都白费了!怎么办?他只好把精力都放在表现"喝药"和"相认"

两场的冷酷无情上,结果严重的表演情绪导致了表演的概念化。

《雷雨》这个剧完成于"九一八"之后,主要写的是"五四"前后一个封建买办的家庭。作品反映的生活合乎那个时代,也符合那个时代进步作家的认识水平。按照历史唯物主义的观点,应该从剧本规定的情境出发挖掘人物的真实思想和人物关系,不应该停留在对人物的客观评价上。但最初郑榕却采用一种简单的阶级分析法,先给人物制定一个框子,即周朴园是资产阶级代表。然后按照这个框子去解释人物的一系列行动,这样的效果肯定是概念化的。

周朴园对鲁侍萍的爱,在初期上演阶段,郑榕还是一半承认一半保留的。他认为周朴园青年时期确实一度爱过侍萍,但分手后就淡忘了。到老年时留影纪念只是作为一种假象,如同军阀老来拜佛念经一样是用以欺骗家人和解除内疚的。因此郑榕最初的处理是:听到侍萍还活着时,主要是害怕——怕她找上门来;而当他知道面对的就是侍萍时,立刻把心冷了起来,全部思想集中于一点——如何把她送出大门。

但即使这样的处理,那时也遭到一些非议,有人说:"看不出谁是罪人。"郑榕就紧张起来,是不是自己的表演过于温情,而忽略了人物的本质?此后他就有意识地把人物的态度变得强硬起来,以至于完全违背了剧本的初衷,表演上憋情绪,能演三个多小时。结果在一次排演中,曹禺先生终于忍无可忍,冲进后台对郑榕低声喊叫:"快!快!受不了!我的剧本没有写那些东西!"

到1962年再度上演时,由于左倾思潮的影响,阶级斗争的弦越绷越紧,郑榕只想加强表现阶级本质,别的方面就全

不顾了。那时侍萍的处理也加强了反抗的一面,如二人相认以后的台词:

"谁指使你来的?"(要怒目相对,似乎要追出其幕后的指使人。)

"我看过去的事不必再提了吧。"(要面孔冰冷,唯恐对方藕断丝连。)

"好,好,好,那么,你现在要什么?"(已经一刀两断,泾渭分明,视同路人了!)

至于和鲁大海见面一段,郑榕的处理更是成了两个敌对阶级的代表人物在进行一场你死我活的斗争,丝毫也不能有什么父子之情。结果,周朴园生活的时代背景,他受的教育影响,他的喜怒哀乐,他的性格特点,他的思想发展等全都不见了,剩下来的只不过是一具"虚伪"加"残暴"的躯壳而已。

(五)对周朴园创作的重新整理——"阶级性"与"人性"

十年浩劫过去了,1979年,《雷雨》终于在初演25年后再度整理上演。以前,文艺创作受左倾思潮的影响,对所谓的"人性论""人类之爱""人道主义"等批了又批,把人们的思想都弄乱了,致使公式化、概念化的创作充斥舞台,对生活和艺术的形象思维,被抽象的观念所代替。十年浩劫期间,这种公式化、概念化的表演可以说发展到了顶峰。这也从反面教育了大家。郑榕终于开始懂得,戏剧艺术并不提供任何抽象的结论,而是通过舞台上栩栩如生的活动,引导观众根据每人自己的感觉经验去产生联想和思考,而后才能得出一定的结论来。

他还认识到,话剧演员的职责不是在舞台上作化装讲演,而是要创造出有血有肉、有鲜明个性的人物形象。只有以真实为基础的艺术形象,才能打动观众的心,引起观众的联想,使人经久不忘。这个创作原则对于郑榕来说,可以说是经过曲折的道路和实践的教训才逐步明确的。

"文革"后,郑榕学习了苏联专家的"形体动作方法","按照剧本规定的情景进入生活",并开始思考在"回家团聚"中周朴园和小儿子冲儿的关系,他认识到周氏父子首次见面是离家两年后的首次团聚,罢工问题已得到解决,心情应该是很高兴的。

郑榕先研究了这个小儿子的特点,他热情、爱冲动,喜欢探索真理。于是他改变了一些台词的读法,如:"哼,现在一班青年人,跟工人谈谈,说两三句不关痛痒、同情的话,像是一件很时髦的事情!"过去处理为冷嘲热讽,这次改变为对儿子的欣赏。

还有对于与蘩漪、萍儿关系的处理,郑榕也以"全家团聚"的行动愿望为前提,修正了过去的许多处理,这些处理的结果,不仅突破了长期以来撑着架子的概念化表演,还让郑榕觉得真正生活到这个家庭里来了。同时他也得到了导演"这段戏比过去任何一次都要紧凑"的评价。

郑榕还认识到,中华人民共和国成立初期,一些社会主义者的思维仍停留在革命党的状态,他们没有意识到不能用革命运动的方式搞建设事业。而治国理政离不开吸纳孔子儒学的智慧。因此改革开放以来,我们抛弃苏式阶级斗争为纲,重视民生,实行仁政,强调和谐和正义。

对《雷雨》"相认"这场如何处理,过去不仅变化多,而且有很多不合理之处。这次郑榕找到了周朴园的哲理——"你死我葬,你生我养"。他认为,这种道德观在周朴园的头脑中

舞台之光 郑榕传

是无可非议的。周朴园到底是什么样的人,不同的演员可以有不同的处理。但要按照人物的逻辑去真实地行动。戏剧是反映生活矛盾的,在生活中我们认识一个人总是通过他的一系列行为,在舞台上要表现人物的思想性格也只有通过他的一系列具体的行动。

"相认"一场直到1997年(纪念曹禺院长逝世一周年)的纪念演出时才得到解决。好莱坞美籍华人演员卢燕女士看了排练后说:"我一生看过多次《雷雨》,这是我最满意的一次。"

(六)总算找到周朴园的自我感觉了!

郑榕从1954年初演《雷雨》周朴园开始,在经历了1979年再度整理上演后的突破后,一直到他即将告别舞台之时受到好评,才让他真正找到了周朴园的自我感觉。这个创作道路不仅漫长而且曲折。对此,郑榕曾做了总结。

他在总结中说,《雷雨》在"人艺"上演了数百场,在他演剧的一生中,这是重要的一站。开始阶段,他只知道表演形象和表演情绪(董事长的派头,资产阶级的专制和虚伪)。25年以后重新整理时才认真研究周朴园的具体思想和行动。在舞台上刚刚弄明白周朴园是怎样一个人时,已经接近退休。

他还总结说,周朴园在全剧中的思想贯穿线是:工厂的罢工解决了,他要抽出精力来管好这个家。他关心家中的每一个人,要治好繁漪的病;激励长子的事业心;侍萍的出现让他想弥补青年时代良心上的犯罪;而"你死我葬,你生我养",则是他奉行的规范的道德准则。他经常处于半思考、半讲话的状态,因为他办事谨慎,每迈出一步都要衡量再三,他绝不轻信任何人,对自己的经验和渊博却自信不疑。不料全剧结尾时,他突然发现自己对命运竟失去了控制!他不能明白,为什么会这个样子,最后留给他的是一个巨大的问号。

3．反响极大的《茶馆》

1958年3月,"人艺"演出了老舍先生的著名话剧《茶馆》。这是继1951年《龙须沟》成功演出后,老舍先生为"人艺"奉献的又一部力作。郑榕在剧中扮演了主要角色之一常四爷,这也是他在《雷雨》扮演周朴园之后接演的又一部大戏。

《茶馆》上演之后,同样引起了极大反响并获得了好评。但是由于历史的原因,一度引起轰动的《茶馆》却经历了停演、改编、复演,直至改革开放后的复排及出国巡演的漫长过程。郑榕也从1958年初演《茶馆》时的34岁演到了1992年的68岁。因此郑榕称,和演《雷雨》一样,《茶馆》也是自己演艺生涯中演出时间最长的戏。剧中对常四爷这个角色的塑造,更是自己在演员修养和演技上不断成长的过程。

郑榕在《茶馆》中塑造的不同年龄的常四爷形象

(一)《茶馆》的诞生

对于《茶馆》,郑榕说,还得从《茶馆》的诞生谈起。他说,《茶馆》是老舍先生在完成《龙须沟》后为"人艺"创作的又一部力作,也是老舍先生"钦点"由焦菊隐先生导演的又一部话剧。因此,提起《茶馆》,首先应该说的,就是老舍先生。

老舍先生是位热情、勤奋、多产的老作家,他和"人艺"之间有着深厚的感情与默契。在郑榕的印象中,当年老舍先生经常把写作的初稿或构思拿来和剧院的同志们交流看法。郑榕还记得,我国第一部人民宪法问世后,老舍先生即写出了多幕剧《一家代表》。之后交给了"老人艺"来排演,只不过后来这部剧并没有正式演出。

老舍先生知道后,毫不惋惜地将剧本扔进了废纸篓,并且说,一个作家,不能怕失败,每失败一次,一定有一些教训,而教训就是长进。

在全国初次普选期间,老舍先生又写了一个以普选为题材的剧本,时间从戊戌政变——民国时期——中华人民共和国成立以后。当时老舍先生是想通过几个不同时代的对比,揭露批判旧时代的假民主,歌颂社会主义新时代的真民主。剧院领导看了老舍先生送来的剧本稿子后,当即向他建议说:不一定非得写"普选",索性通过一个茶馆的变迁,反映出不同时代的变化。

老舍先生回去以后,没有多久,就把《茶馆》写出来了。初稿拿来后,没有经过什么大改动,就进排演场了!郑榕觉得,这是因为老舍先生对剧中人物非常熟悉,就如他本人说的,我可以给他们测"八字"!所以他写起来得心应手。

（二）去小茶馆体验生活

排《茶馆》之前，仍然是要下去体验生活，因为焦先生要求大家一定要从生活入手。那个时候，北京还有一些小茶馆。大家下去体验生活时，在东城交道口那儿有一处曾经是大茶馆的遗址正在拆修。大家赶过去看了，门前高竖两根旗杆，里面很深很大。后来电影《茶馆》的背景就是根据这座茶馆当时的样子设计的。

郑榕下去体验生活时，一开始先去了几个小茶馆，最后选定的是东四的一家。那家茶馆的房间很小，而且比较阴暗。整个茶馆就三四张桌子，喝茶的人也不多，还大都是常客。郑榕去时，猛地看见他这么一个穿着干部服的陌生人走进来，一时茶馆里的人便都不言语了。所以开始很僵，他和茶客们也搭不上什么话。

连去了几天后，大家放松了不少，他也能够和人聊天了。印象最深的是一个年岁很大，身材魁梧，满脸皱纹，总是爱一个人坐着的老人。郑榕发现他总是在阴暗的角落里，木然独坐，从不开口说话。郑榕去的次数多了，便坐到他跟前和他同桌喝茶，想法和他攀谈。开始他根本不理郑榕。终于有一天，他小心翼翼地跟郑榕说了一句："他们（指解放军）这都是打南边过来的。"郑榕听了一愣，开始还没弄明白他的意思，后来他才悟到，原来这个80多岁的老人头脑里装的还是民国初期军阀混战时的事呢！从他的脸上，郑榕体会到一点儿常四爷在第三幕中忧国忧民的心理状态以及他老年时对国民党统治时期的不满和谨慎的心情。

（三）《茶馆》曾一度停演

1958年3月，《茶馆》开始公演，立即引起轰动。然而尽管

它的演出在文艺界引起不小的反响,但毕竟与时代不太协调。有人说《茶馆》宣扬了"一代不如一代""今不如昔"的论调,并认为作者有怀旧思想,对没落的封建贵族寄予了极大的同情。

于是剧院很快组成了一个小组,研究改动方案。当时研究后认为《茶馆》全剧缺少一条贯串的红线,于是便在剧中加写了一些学生反帝反封建、反国民党统治的内容,全剧的结尾也改为学生们上台贴标语,常四爷张罗着送开水等情节。但这些显然都是硬贴上去的东西,和老舍先生表达的格调极不协调。

1963年5月,《茶馆》按照修改本二次上演了。

(四)演常四爷

开始郑榕接受常四爷这个角色,只是对他的外形很感兴趣。因为他总也忘不了青年时代看过的一出清装戏,戏中那个角色长发辫的形象、优美的身段,给他留下了很深的印象。所以联想到常四爷,郑榕最初想到更多的是他漂亮的服饰和硬汉子的性格,甚至还想在长辫子上找点儿戏做。这样的艺术创作自然不会成功。因而郑榕说,由于没有深入挖掘人物思想的发展和社会的关系,结果造成表演上的张牙舞爪和高声粗气。

通过总结,郑榕认识到,常四爷在剧中也算是个正面人物,他为人正直又爱国,还好打不平,是条硬汉子。但要在剧中体现常四爷的"硬",也要结合一定的历史背景,结合人物性格的发展来考虑。因为戏剧主要表现人和社会环境的斗争,性格只能通过人物在一定社会环境中的行动才能体现,所以扮演人物不能脱离社会背景,也不能固定不变。塑造常四爷如果单纯地"硬",就会形成一般化、概念化的表演。

后来在不断演出的过程中,郑榕努力使自己进入真实体

验,研究和感受当时的环境和人物的动作,这才逐渐掌握了一些人物思想性格的变化起伏。如第一幕有这样一段戏:

> 松二爷:好像又有事儿?
> 常四爷:反正打不起来!要真打的话,早到城外头去啦,到茶馆来干嘛?
> 松二爷:您说的对!
> 二德子:你这是对谁甩闲话呢?
> 松二爷:我说这位爷,您是营里当差的吧?来,坐下喝一碗,我们也都是外场人。
> 二德子:你管我当差不当差呢!
> 常四爷:要抖威风,跟洋人干去,洋人厉害!英法联军烧了圆明园,尊家吃着官饷,可没见您去冲锋打仗!
> 二德子:甭说打洋人不打,我先管教管教你!

在这段戏里,开始郑榕从不服软出发,跟二德子针锋相对,毫不示弱。后来发现这和人的思想动作并不符合。常四爷到茶馆来是为了消遣会友,不是想来打架惹事的。开始是安慰松二爷,因为他胆小怕事,触怒了二德子是出乎意料的。

二德子发话以后,常四爷首先想的是息事宁人,并不想接受他的挑衅,但是毕竟年少气盛,提到英法联军占了圆明园就动了火,声调也高了,使二德子下不来台。二德子是个场面上的人,大庭广众之下不能丢这个脸,这才上来交手。

这是一场遭遇战,假使常四爷开始就对二德子冷嘲热讽,这场架就是由常四爷挑起来的了。这样不但离开了人物的动作主线,而且会损害常四爷的形象。所以郑榕把这段戏处理成意外、躲闪、对英法联军的不满和最后交手时的临危

舞台之光 郑榕传

不惧,这样表现常四爷的"硬",就比较符合当时的社会背景和他的思想性格。

在第二幕里,常四爷经历了牢狱的折磨,清朝变成了民国,旗人头朝下了!换上短打卖菜了!王掌柜也差点没认出常四爷,他在台词中也一再表达:

我卖青菜了,自食其力,不含糊!
铁杆庄稼没有了,还不卖膀子力气吗?
现在每天早上起五更。弄一挑子青菜,绕到十点来钟就卖光。凭力气挣饭吃,我的身上更有劲了!什么时候洋人敢再动兵,我姓常的还准备跟他们打打呢。

以上这些话说明他对生活增加了勇气和信心,这一场戏的基调应该是乐观的,他和王掌柜的见面和松二爷的相逢都是喜事。此时此地常四爷的"硬"应该表现在豪情满怀上。撞见两个穿灰大褂的特务以后,应该表现他的老练成熟,不应强调他的火气外露。他的生活经历告诉他:这些人算不了什么,但又不好轻易得罪他们,所以说话时骨子虽硬,却又不能让他们抓到把柄,这样才能看出这十几年的经历在他性格上引起的变化。

到了第三幕,常四爷已是70多岁的人了。军阀混战,国民党投降卖国,几十年的经历在他脸上刻下了深深的皱纹,在他心上也留下了创伤,像一头垂死的老兽,他不再轻易咆哮,也想避开群兽穴居的山林,他把多少郁闷不平都深深地压在心底,不再轻易透露。

常四爷和秦二爷意外相逢,他从眼前秦二爷的变化和遭遇中,仿佛也照见了自己的一生——时代的黑暗,历史的无情,毕生的挣扎,希望的幻灭,不禁搅起了他心底的往事,他开始坐不住了。听着王掌柜一字一泪的控诉,就像是在他心底里暗藏的余烬上投下了一根根干柴,微弱的火星再度点燃起来,心底的话憋不住了。终于倾吐出来:"盼哪,盼哪!我盼着谁都讲理,谁也别欺负谁!"

这时才又闪现出他那硬汉子的性格,就在这一刹那,老友在刑场上就义的情景又闪现在他的眼前,他不自觉地鸣出不平:"可是我那些老朋友们,一个个地,不是饿死就是叫人家给杀了!"他说这段话虽然是愤懑,但是一生的经历仍在提醒他切记"莫谈国事"!所以,这个饱经辛酸的"硬"汉子还是心有余悸的。说的时候,不应是大声疾呼,而是压低嗓门儿向王掌柜和秦二爷讲。

因而在最后,他只能借撒纸钱来凭吊晚年,来诅咒那个吃人的旧社会。此时,这个硬汉子的"硬"有如火石撞击钢镰冒出的火花。只能随着火光一闪转眼即逝了。

总之,通过常四爷这个硬汉子三个不同时期"硬"的表现,会使人感到在他身后那个社会的巨大黑影。观众看到的是人,想到的却是整个社会背景,这就是老舍先生笔下典型环境中的典型性格所产生的艺术效果。

此外,郑榕对常四爷不同"硬"气的理解,也经历了初演、复演、拍电影等历程。记得一开始进排演场之后,郑榕只想着演个"硬汉子",所以老是提气挺胸,横眉冷对。"文革"以后,开始为演出录了像,后来在1982年,电影《茶馆》开拍前,郑榕先看了录像。第一次看到他在台上舞眉弄眼,张牙舞爪的样子,立时羞愧得无地自容。

经过反复思索,他才悟出是对"硬汉子"的理解出了毛病。原来常四爷在第一幕中是个旗人小官吏,他坐茶馆是为

找乐去的,茶馆是那个时代唯一的文化场所。老舍先生曾说过:"茶馆里有着高度集中的文化。"在封建统治时期的旧中国,一些人的智慧无处发挥,便集中精力去研究喂鸟、养鸽子、斗蟋蟀、放风筝什么的,还有赏鉴鼻烟壶、品茶、酒、饭菜高低等事儿上。在茶馆里还可以听到各种新闻,学到各种知识,因而常四爷绝不是为了寻衅斗殴才去茶馆的。

还有在第三幕结尾时,王掌柜、常四爷、秦二爷在一起的那场戏,于是之有一句话提醒了郑榕。他说,三个老头这时不是"悲",而是"喜",因为面对死亡,一切压在思想上的重负都得到解脱了!这正是老舍先生的独特风格。老舍先生经常是在喜剧中带着眼泪的。老舍先生在"文革"初期的惨死发人深省。在他的传记里曾提到他父亲的死:一个普通的旗人库兵在八国联军侵入北京时为保卫一个粮店而战,死后连尸首都没有找到,家里人只拿回他的一只布袜子,这个普通旗人的形象更使郑榕获得了常四爷的灵魂,这个角色也不再是概念化的了。

(五)《茶馆》问世后引人瞩目

1958年,"人艺"演出了《茶馆》,作品刚一问世,就引起文化界的瞩目,中外为之震动。大家普遍认为《茶馆》有三绝:

(1)剧本仅用了3万字,就写出了横跨中国48年的三个历史时代。

(2)人物众多。有名有姓的近50个,连无名无姓的也算在内约有80多人之多,因此后来《茶馆》在西方演出时,他们就有人说:"我们演不起这样的戏,用的演员太多了,雇不起!"

(3)台词精炼,性格鲜明。剧情没有按照一个完整的故事去发展,而是用一些小人物生活上的变迁来反映社会的变动,用老舍先生的话来说:"人物虽各说各的,可是又都能帮助反映时代。"

《茶馆》不但在艺术上满足了人们的审美要求,而且也产生了良好的社会效果。而在西方德国、法国,以及在日本,《茶馆》的演出则更是引起强烈的反应。追其原因,我们可以从一位外国专家在"人艺"的谈话中得到部分解答。

这位被称为石兰先生的外国专家试图把老舍先生的《茶馆》与布莱希特的理论做一比较,他认为二者有共同的特点,并总结出如下三个方面:

(1) 史诗性的结构。《茶馆》不同于亚里士多德的那种"情节——高潮——解疙瘩"的传统形式。老舍先生不想通过某些情节,或某个英雄人物来制造感情,打动观众;而是以历史为中心,围绕茶馆展开历史现象,这比一两个家庭反映的问题要丰富得多。表现社会与人的矛盾,可以提高观众对社会的观察力,从而打开面向未来的目光。

(2) 老舍先生的戏,有一种平民风格。他从社会的底层来观察社会。

(3) 老舍先生没有直接把自己的观点写出来,只是反应在字里行间之内。好坏摆在舞台上让观众自己去思考、认识,没有直接告诉观众应该如何如何去做。

(六)《茶馆》的艺术感染力

郑榕认为,《茶馆》获得成功,离不开它的艺术感染力。他说,记得《茶馆》在西德演出期间,《莱茵报》上有篇文章写道,《茶馆》表现了喜剧性和悲剧性巧妙地结合在一起的艺术特色。文章的作者认为,这样的现实主义才使这一暴露黑暗的戏,不失其开朗的一面。这篇文章说出了老舍先生剧作的一些特点。

《茶馆》按照生活本来样式精确细腻地描写现实,真实地

舞台之光

郑榕传

表现了典型环境中的典型人物,可以说是现实主义的一部代表作。在德国演出获得成功,说明现实主义仍有很大感染力。外国观众为什么喜欢《茶馆》?郑榕说,老舍先生曾谈到以下几点:

第一,巨大的概括力。老舍先生通过《茶馆》的三幕戏,叙述了三个历史时代的变动。他说,一个大茶馆就是一个小社会。这出戏虽只有三幕,可是写了50年来的变迁。西方报纸评论说,三幕戏表现了50年,它不是情节戏,是社会的三个横断面。一位德国朋友反映:它像是一个历史画卷,可以和《清明上河图》比美。围绕茶馆展开的社会现象要比表现某个英雄人物或一个家庭矛盾的戏要广泛得多。它着重写社会与人的矛盾,全面地表现了一个社会的症结所在。

第二,不是描绘个别英雄式的上层人物,而是写出了处于社会底层的人民大众。"我不熟悉政治舞台上的高官大人,没法子正面描写他们的促进与促退。我也不十分懂政治。我只认识一些小人物,我要是把他们集合到一个茶馆里,用他们生活上的变迁反映社会的变迁,不就侧面地透露出一些政治消息吗?"

在舞台上反映人民大众的生活,这个问题在西方比较重视。他们比较注意通过一般人民的生活反映具体的社会问题。在法国,目前正在进行各种探索,其中也有这一条,就是如何使戏剧冲破知识分子的圈子。努力争取扩大观众面,尽管遇到不少问题,这种探索的倾向还是好的。

他们为什么喜欢《茶馆》?因为是中国人民的声音,这部戏展示了人民的希望。西方知识分子现在存在很大的苦闷,是看不见前途。因此舞台上出现的人物往往是比较阴郁的。他们对中国抱着一种好感:你们这么大的一个民族,经历了这么多苦难,今天还能有奔头,有一个方向。他们喜欢看反映人民大众生活的戏,这也是《茶馆》受到西方观众喜爱的一个重要原因。

第三,不着重用结构情节吸引观众,而是把一些典型片断放在舞台上,使观众对戏的发展有思考的余地。"抱住一件事去发展,恐怕茶馆不等被人霸占就已垮台了。我的写法多少有点新的尝试,没完全叫老套子捆住。"这个戏突破了过去那种用一个情节发展到高潮,最后得到解决的老办法,即是叙事式的展开。使很多人物用之即来,挥之即去。还有就是有很多的片段,很多的高潮,但最后问题并没有解决。而这种创作的写法在西方很受欢迎。

郑榕说,《茶馆》的艺术感染力在于它没有直接告诉观众应该如何去做,而是借戏剧为媒介,引起观众的深思——这是个什么样的社会?他们看完《茶馆》这个戏之后,明白了中国为什么要革命,要走这条道路。而《茶馆》给他们这样的启发,不是强制的,是真正反映了生活,是艺术的真实性启发了他们。他们对大傻杨特别喜欢,除了因为这是中国民族形式外,和他成为一个舞台和观众之间的引线人也有很大关系。

焦菊隐导演生前曾谈到,戏剧表演是否具有浓厚的民族味道有五个特点。其中之一就是:"人物的重要心理活动,是否也用形体动作细致地形容出来。"在我们的戏曲表演里,很多内心独白和潜台词,都是通过眼神和人物的形体动作表达出来的,可说是手段丰富多样。

而话剧就比较简单单调。戏曲演员在台上能一边想,一边听,一边做。不像话剧的表演,听完再想,想完再说,又瘟又拖。戏曲表演艺术,有时以声取胜,有时以无声取胜,更多的时候是以无声来补充、丰富、衬托和强调有声。

英国名导演布鲁克先生看了《茶馆》后说:"在这种表演方法中你们是一流的,你们克服了表演情绪过火和瘟的毛病。"他称赞我们:节奏紧凑,性格鲜明。这说明过去我们跟焦菊隐先生向民族传统学习的实验是取得一些成绩的。

总之,巨大的概括力、写出处于社会底层的人民大众、不着重用结构情节吸引观众,以及学习民族戏曲的表演,构成了《茶馆》的艺术感染力。

4．观上海评弹

1961年,上海评弹团来北京演出。评弹是流传于我国南方的一种曲艺表演形式,其曲调悠扬,表演细腻。艺术手法虽与话剧不相同,郑榕却认真观看,吸取其民族艺术的精华。

特别是观摩了上海评弹团杨振雄兄弟的《西厢记》中的《闹柬》《回柬》两个片段后,郑榕觉得受到的启发最大。

比如在《回柬》里,两位男说唱演员鲜明可信地把张生和红娘的形象塑造得栩栩如生。表演是从莺莺羞于让红娘送信开始,莺莺假说要把张生骂走。红娘信以为真,暗自同情张生,怕这封信把他气走气坏,想不把信拿出来,用好言语把他劝走算了。张生不见回信,反疑红娘从中作梗,便责怪于她。红娘一气之下,把信丢给他看了。张生见信,大喜若狂,边笑边跑。红娘以为他气疯了,边追边劝。事后,张生说明信的内容,红娘才知道受了小姐的骗,气得哭了起来。一直到此,《回柬》片段在二人一哭一笑中闭幕。

郑榕认为,这个片段动作性非常强。因为评弹不像北方评书那样着力于外部形象的描绘,而是通过一个事件深挖和展开人物思想上性格上的矛盾。在这个片段里，一个不想给他看小姐的信，一个急着要看到小姐的信，二人都有着强烈的愿望，但他们并没有急于用一种情绪或一句台词把这个愿望一股脑地表现出来，而是通过人物关系的不断交流，通过一系列的行动，然后通过一系列的思想行动的撞击，一步一步地把人物的思想性格展示出来。就像剥笋一样，直到"闹"够了，"闹"足了，"闹"透了，人物心灵深处的清如涟漪的细微活动也就都挖掘出来了。

郑榕也由此总结出自己从中得到的两点启发。一是人物的性格是在一系列行动中逐步展示出来的，而不可能一出场就全部塞给观众。二是人物的一系列具体行动都受他总的愿望支配，不能孤立地去进行。语言动作不能从孤立的一句台词中寻找。表演的关键是要掌握住人物的思想愿望，直接表演，结果便是本末倒置。

在受到的启发中，郑榕也有对表演和如何塑造人物的看法。比如他认为，倘若红娘单纯地去完成一个"送信"动作，直接去表现同情张生，这场表演是无法持续半个小时的。反之，演员如果支离破碎地只注意表现如何劝张生，如何隐瞒他，自己如何委屈，如何痛心，心中却撇开总的愿望而不顾，这也会陷入过火表演，不可能展示出人物的思想和性格来。

郑榕还看到，富有行动性的肖像描写正是人物形象塑造的民族形式的特点。人们印象中的武松和李逵之所以不同，主要是由于他们对人对事的不同态度。《红楼梦》中的王熙凤，小说中对她外型只作了一般化的描写，但她的一出场就给人以鲜明的形象。这里没有引用"逢迎""虚伪"等概念的词语，只是通过一系列的独具特色的行动：在满堂肃静中她敢高声谈笑，在贾母面前很快地转悲为喜，在王夫人面前精

舞台之光 郑榕传

明能干,在仆人面前执令如山。就这样,一个八面玲珑的王熙凤便展现在我们的面前。

观上海评弹进行了认真总结后,郑榕开始懂得了在舞台上创造形象主要不靠化妆造型,不靠外部动作,更不靠表演情绪。应该是深入剧本,去挖掘人物的心理行动。没有人物丰富的行动性的特色,也就没有人物的鲜明个性。演员在舞台任务方面只能准备"我要做什么"和"我为什么要这样做",而不要去想"我怎么去做",以让它在舞台上自由产生。

不难看出,即便是观看上海评弹,郑榕都要求自己从中进行认真总结,详细写出心得体会和得到的启发。这,也许就是一个表演艺术家的演技总是不断提高的原因之一吧。

□5. 向民族传统戏曲学习

话剧向中国民族传统戏曲学习,是导演焦菊隐先生在20世纪50年代提出的。当时正是苏联原瓦赫坦戈夫剧院的表演教师库里涅夫为"人艺"举办讲授形体动作方法的学习班刚刚结束,结果很多正跃跃欲试,期待进一步对苏联专家讲授的理论进一步试验的演员有些想不通。他们认为中国的民族戏曲是程式化的表演,和苏联专家讲授的斯式理论体系是背道而驰的。

但是焦菊隐先生反对有些人认为中国戏曲是程式化的形式主义表演,他认为中国戏曲是包含体验的现实主义主义表演。在苏联专家办班的第二年,焦菊隐先生就开始先后对郭沫若先生的《虎符》《蔡文姬》《武则天》三部剧作进行了中国话剧民族化的试验。使传统戏曲中的"简化生活,突出意境""通过行动,揭示内心"等特点在话剧中扎下了根。

在焦菊隐先生导演的这三部剧中,郑榕分别在《虎符》中扮演侯嬴,《蔡文姬》中扮演右

郑榕(中)在《武则天》中的裴炎剧照

贤王,《武则天》中扮演裴炎。虽然在几部剧中出演的都不是主要角色,但他却体会颇深,也收获很大,同时他对焦菊隐先生在中国话剧向民族传统戏曲学习进行的试验给予了极高的评价。

(一)《虎符》

在剧院宣布排演《虎符》是向民族传统戏曲学习的开始时,很多人觉得十分不理解。因为他们认为民族传统的戏曲是程式化的表演,和大家刚刚学习完的斯式理论完全不同。

焦菊隐先生却持不同看法,他认为中国戏曲程式化的动作是来源于生活的,若干戏曲名家都能消化这些程式,不但刻画人物的外形,更主要刻画了人物的精神面貌,如梅兰芳先生的手指、程砚秋先生的水袖、马连良先生的念白。

焦菊隐先生还说:"戏曲给我思想上引了路,帮我认识体会了一些斯式所阐明的形体动作和内心动作的一致性,符合规定情境的外部动作,可以诱导正确的内心动作,在这一点上,我们的戏曲比斯式的要求更为严格——可以通过行动的'愿望'进入内心体验。"

但是戏曲艺术深如瀚海,吸取其精华谈何容易? 焦菊隐

舞台之光　郑榕传

　　先生根据他本人过去担任过戏曲学校校长的经验,制定了"先学到手,然后消化"的方针。从戏校请来老师,演员每天练基本功,排戏穿高底靴、甩水袖,动作配上锣鼓点,每天至少要学会一招,用到第二天的排练上。总之,除了没有胡琴和唱以外,完全和演京剧一样了!

　　开始分配郑榕在剧中演胡亥,后来改饰侯嬴。刚进排演场时,他在思想上阻力很大,心想,刚刚跟苏联专家学了心理动作,这样的表演不是和斯式理论完全背道而驰了吗?虽然大惑不解,但执行命令是要雷厉风行的,他只好硬着头皮去学习马连良先生的念白。

　　当他走上一个空洞洞的舞台时,焦先生说:"放开手去表演吧!你可以采取任何手段把侯嬴此时此刻的内心矛盾表现出来。"这时他才感到,和戏曲演员相比,自己是何等低能啊!

　　郑榕认为,《虎符》有两个方面适合学习中国戏曲表演手法条件:

　　(1) 战国时代的人,处在社会动荡战祸频繁的年代,人们在思想上尚未受到儒教和理学的束缚,因此出现了很多轻生死、重言诺的英雄人物。他们的感情强烈鲜明,恰恰符合戏曲中提炼、强调、突出和夸张的表演方法。

　　(2) 郭老的台词如同长江大河,气势澎湃。如姬的一段独白就长达3000多字。用话剧中自然主义的读词方法是很难处理的。《虎符》剧本虽不是以戏曲形式写的,但适于运用戏曲的形式来演出。这样,主题、矛盾才更突出,色彩才更鲜明。

　　那么,焦先生在排演《虎符》中,向中国戏曲形式学习了哪些方面呢?郑榕总结出四点:

　　(1) 多与少:一般对戏曲的理解是以少胜多,不必要的东西在舞台上都可以省略掉,但对戏曲的以多胜少却常常忽略。传统戏曲非常注意揭示人物的内心世界,它擅于用细线条的动作描绘人物的思想活动,着重突出人物的心理状态。

(2)虚与实:戏曲演员讲究形似,更注重神似,二者不可偏一。艺术的真实不等于生活的真实,内在的体验必须让观众看得懂,看得见。这就要讲究处理,讲究重点。

(3)读台词:戏曲是有诗的韵味,话剧的台词如何读起来引人入胜,又具有诗的意境应是今后努力追求的重要课题。

(4)布景:不以布景代替人的表演,不以布景掩盖人对客观事物的态度。《虎符》中小桥流水那一景最好,焦先生最满意。

1957年1月31日,《虎符》开始公演,受到观众的极大欢迎。《戏剧报》开辟专栏,发表十几篇文章,基本上肯定这次试验,也提出了一些有待解决的课题。总之,《虎符》是第一次有意义的尝试,虽然很多处在摸索阶段,还不能尽满人意,但终于跨出了重要一步。

(二)《蔡文姬》

1959年初,郭沫若先生经过长时间的酝酿,仅用7天的时间就写出了《蔡文姬》的初稿。完成后,郭老亲自读给"人艺"的同志们听。经过两个多月的排练,公演后取得很大成功。郭沫若先生自己说,我写《蔡文姬》的主要目的就是要替曹操翻案……但就演出效果来看,主要打动观众的还是蔡文姬不顾儿女私情,决心回归汉朝的"忧以天下,乐以天下"的真挚感情。

郭老早年的诗作基本上是浪漫主义的作品,奔放豪迈,但也有着温婉清丽的一面。如在《炉中煤》一诗中,作者将自己炽热的爱国热情化成了一曲既热烈又柔婉的恋歌;在《蔡

文姬》中,恰恰也流露出作者的这种真挚深情。焦先生在导演处理时紧紧抓住了这个"情"字,充分地运用了各种舞台技巧,在"出走""梦幻"等场景上展现出诗一般的意境,使观众如醉如痴,久久不能相忘。

郑榕在《蔡文姬》中饰演右贤王。想到京剧里有个萧天佑,是二花脸扮演的。于是开始他便照方抓药,完全按照京剧里萧天佑来化装表演,可以说是全部脸谱化,不料没有引起任何注意。原来焦先生把全部精力投入"如何学习戏曲的以无代有,如何以演员来表现诗的意境"上来了!蹦了半天,只有郭沫若先生的秘书悄悄来到后台对郑榕说:"把你那两条长鬓拿掉吧,太像京剧了!"他顿时脸红了。

一直到第二幕结尾文姬出走时,众人随着蔡文姬缓步走向观众,郑榕才突然感到被一个和谐的整体氛围包围住了。从此他再也不敢挤眉弄眼。最让他感到震撼的是,随着《胡笳十八拍》的歌声,大幕缓缓拉动,在蔡文姬刚要迈出大幕的一刹那,大幕突然紧闭,台下响起了经久不息的掌声,整个剧场都被这迷人的"意境"征服了。

郑榕回忆说,过去有不少戏曲名家能靠自身的表演控制住整个剧场,吸引千百观众屏息静听;焦先生在话剧舞台上通过"意境"的创造把内在、外在的表演溶而为一,同时把舞美、灯光、效果,统统包容进去,构成一个完美和谐的艺术整体,既能体现剧本"种子"的内涵,又能给观众以极大的艺术享受。能做到这一点是极不容易的,不仅导演要具备各方面的丰富知识和较高的审美观,还要求舞台上有严格的统一纪律,任何一环的疏误都会造成对观众神秘吸引力的破坏。

焦先生对舞台美术的技术问题也进行过精心的研究。他认为导演在舞台的技术处理上,要把有限的空间处理成无限的空间。舞台画面要从连续的舞台活动中去领略,舞台画面的美取决于舞台上生活的内在结构。在舞台上表现好东西,要能够引起观众的回味和联想才算成功。因此,他对《蔡文姬》的舞美设计提出的要求是:中国传统的国画技法里就有着重于"情景""意境"的渲染手法。

因此,写景是为了着意写情,写情又是为了着意写意。这种略景物之描写、重人物内心意境抒发的传统艺术手法在中国诗画里都是别具一格,我们可以好好地借鉴。

郑榕还认为,《蔡文姬》的成功,离不开焦先生提出的演出三要素:

(1) 具体的鲜明的外在形象。

(2) 语言性的行动。

(3) 诗意。

焦先生在列举演出的三要素时,把"诗意"作为主要的一条。他曾说过,西洋古典文学,把戏剧划入诗的范畴,我国古典的或现代戏曲,也是诗。话剧一般是用散文写的,自然不必勉强列入诗类。但它虽非是诗体,却不可没有诗意;演出不可一览无余,没有诗的意境。

诗意包含有"以少代多""以虚代实""神似""含蓄""此时无声胜有声"等传统的审美观点。郑榕说,构成舞台上的诗意要有三个条件:第一,剧本要有能打动观众的"情"。第二,导演要有独特的艺术构思。第三,演出要能溶演员、舞台、观众为一体。

《蔡文姬》可以说具有以上三个特点,所以获得突出的成功。

(三)《武则天》

对话剧《武则天》,郑榕也给予了很高的评价。他认为,

在《武则天》的排演中,向中国戏曲借鉴的有两个方面,焦先生的要求也更加贴近话剧的表演:

(1) 要求富有语言性的形体动作,特别是能揭示人物细微心理活动的小动作。

(2) 要求形体动作的无声语言比有声的语言更为丰富。

焦先生说过,戏曲给他思想上引了路,帮助他理解和体会了一些斯式所阐明的形体动作和内心动作的有机的一致性。符合于规定情境的形体动作,能以诱导正确的内心动作,在这一点上,我们的戏曲比斯式的要求更为严格。

为了更好地向戏曲借鉴,焦先生还对剧中裴炎与郑十三娘的"四指"及上官婉儿与武则天"四看"表演亲自作了示范。郑榕在剧中扮演裴炎,至今仍对当时一场戏的情景记忆犹新。

东宫暗藏兵器的事败露,武则天要传讯上官婉儿。裴炎担心谋反的阴谋被揭发,特意来查询婉儿的母亲郑十三娘。对这场戏,焦先生作了如下的揭示和处理:

裴炎上场,故作镇静,发现屋中只有十三娘一人,便用手指指绣花架子示意她走过去。到了架子旁,他又一指,要十三娘坐下,再一指,示意她绣花。这时,他才以若无其事的口气说:"婉儿受人牵连了!"十三娘一惊站起,忙问:"出了什么事情?"这时裴炎又一指,示意她继续绣花,不可慌乱。然后才告诉她:射死正諫大夫的凶手已经供出是太子的指使,也牵连到婉儿,并问她是否将密谋反叛的事对婉儿讲过,这默默的"四指"生动地突出了裴炎的狡黠和机智,可以诱发演员体验人物的细微心理活动。

郑榕说,焦先生的这个想法,既抓住了戏曲表演的精华,又揉进了斯坦尼晚期的"形体动作方法",更接近于真实性较强的话剧表演了。郑榕开始准备这个角色时,虽然也从一幅明代肖像画中的人物眼神中得到一些感受,但毕竟从外部造型上想得过多,没有在人物的思想行动上作细微的考虑。

对于《武则天》排练中向中国戏曲表演借鉴的试验,焦先生以及剧院的领导都是很重视的,虽然从演出效果来看,《武则天》不如《蔡文姬》成功。总结其原因,有两个方面:

(1)《武则天》不像《蔡文姬》那样有着浓郁的"情"。焦先生说过:"从《蔡文姬》的人物身上,我触到了作家为人民献身的真实情感。如果可以把《蔡文姬》比作感情化身的话,《武则天》的人物就可以比作理智的化身。"戏剧必须"以情感人",才能做到"以理喻人"。这是我们东方观众的习惯。

(2)戏曲表演先教形式,然后自己消化,能"化"了的,便有成为名角的希望。话剧表演注重思想后景和动作愿望,掌握了这两项,人物才能有厚度,使人可信。外在形体表现虽不可少,但只是结果,如果一开始固定得过死,演员容易局限于外部表演。

从《龙须沟》到《茶馆》,从《虎符》到《蔡文姬》,焦菊隐导演为人艺排出了一部又一部大戏,郑榕对焦菊隐导演充满了尊敬,因此他说,只要提起焦菊隐的名字,《龙须沟》的小茶馆,《蔡文姬》的"出走""梦境",《茶馆》的开幕,这些精彩的演出场面都可以和《海鸥》等名剧并列于戏剧史册,永垂不朽!焦菊隐从早期的"一片生活"到后来的追求"意境",从"静观"的个体造型到"由动出静,内外交融",其中有很大的演变。特别在吸取民族审美观念的过程中取得了质的飞跃。他那治学不倦的精神永远是我们学习的榜样。

6. 离开话剧舞台的日子

在《武则天》中出演裴炎之后，郑榕又在《关汉卿》等剧中相继饰演了三个小角色。在《汾水长流》中饰演郭守成，在《祝你健康》中演过 B 角。不久，郑榕为出演赵起扬同志写的《矿山兄弟》中的老大，又去了京西煤矿去体验生活。

这一年是 1965 年，郑榕与《矿山兄弟》和《山村姐妹》剧组到山西太原演出时，正是春暖花开的季节，借这个机会，他观赏了太原晋祠圣母殿中的宋塑宫女群像。

这些宋塑宫女群像不仅年龄性格各异，而且眉目生动，仿若呼之欲出。听说梅兰芳先生来这里把自己关在这座圣母殿里，揣摩了一整天。这个时期，他还读了元曲，觉得它们词句生动，跃然纸上。于是试着写了《千将莫邪》。

从山西太原归来后，郑榕又积极准备投入新的创作中。但这时，他的婚姻亮起了"红灯"。

郑榕的妻子是广播文工团的话剧演员，她曾在重庆读中学。中华人民共和国成立前，郑榕为清华中学辅导话剧表演时，他们相识。郑榕回到北京后，他们在 1956 年结婚，1959 年女儿郑小川诞生。

他们这段原本感情基础并不太牢固的婚姻维系了十年。1966 年 5 月，郑榕的妻子来到他正在参加"四清"的北京热电厂，向他提出了离婚。面对无法挽回的婚姻，郑榕只提出了留下女儿在身边的要求。他们的离婚手续办完之后，"文革"爆发了。

郑榕也随之离开了舞台。这一段日子里，他们剧院的文艺创作也全都停止了,只是在 1972 年的时候,他曾写了个独幕剧本。还是在赵起扬同志出任剧院代理书记不久,当时赵起扬提出,有问题的人也可以工作,不出名字就是了。

于是郑榕和邱扬等人写出了三个独幕剧。排练后在首都剧场公演了。郑榕写的独幕剧名叫《赵家山》,是知识青年修建水电站的事。演出后,郑榕接到了一个观众的来信说,他写了一个剧本,内容和《赵家山》一模一样,你们的戏已经上演,那么他的本子就只好丢掉了!郑榕看了,不知道说什么好。后来回想起来,只能说那个时期文艺创作的素材来源实在是太少了。

第七章 新的脚步

□1.《丹心谱》——迎来艺术春天之第一剧

"文革"的十年动乱中,"人艺"只排演了一出多幕剧《云泉战歌》。虽说只是一部戏,却前后"磨"了七年。因为当时只要"上边"提出新的"政治口号"时,《云泉战歌》就要紧跟形势改动台词。剧中的主要角色更是为背诵不断改动的大段台词所苦。看戏的观众也不满意地提出,多给主角点儿戏。

郑榕是1975年才获准参加下乡演出的,他从打鼓开始,也曾编讲过评书和画连环画。一直到1976年,历经十年,"四人帮"终于被打倒。郑榕也和中国广大艺术工作者一起走出"文革"的阴云,迎来了艺术创作的春天。

随着拨乱反正形势的深入,曾经压在郑榕头上许多不实之词的"帽子"也都一一被摘除。艺术生命获得新生的郑榕,也从此在戏剧道路上迈出了新的脚步。郑榕编写了故事《山城火炬》不久之后,"人艺"也宣布恢复了他原来的结论。当年他的"向党交心"的材料也从档案中撤出了。紧接着,中央人民广播电台又邀请郑榕朗诵长篇小说《吕梁英雄传》,并在电台播出,从此,郑榕在社会上得到了认可。

也是在这个时期,作家苏叔阳创作了电影文学剧本《丹心谱》。这时"人艺"的新领导班子虽然还没有成立,但是在打倒"四人帮"后文艺复苏的大好形势下,被禁锢多年未能登上话剧舞台的演员们,早已按捺不住心中迸发的激情,纷纷表达了尽快登台演出的强烈愿望。

郑榕在《丹心谱》中扮演的方凌轩

正好这时苏叔阳也愿意为"人艺"将电影剧本《丹心谱》改编成话剧剧本。大家看后,觉得《丹心谱》很具时代特色。于是决定由梅阡同志担任导演,郑榕在剧中扮演方凌轩。在大家的积极努力下,话剧《丹心谱》终于开始准备排练了。

就这样,在20世纪70年代末,在全国一派新气象的大好形势下,一部忠实反映我国十年动乱中知识分子思想动态的话剧《丹心谱》即将在"人艺"诞生。这是"人艺"在粉碎"四人帮"后迎来艺术春天的第一剧。

2. 体验与创造

和以前焦菊隐先生排戏一样,《丹心谱》在排练之前,梅阡导演仍然要求演员下去体验生活。郑榕体验生活的地点是北京中医医院。这次,郑榕不仅拜访了老中医肝病专家关幼波大夫,还亲自参加了他的几次特约门诊。通过体验生活,他不仅了解到一个中医真实的工作情况,也体会到剧中

舞台之光 郑榕传

主人公方凌轩对新社会,对周总理的深厚感情。因此,郑榕说,演戏要有生活,生活是话剧艺术创造的基础。一个演员要有丰富的生活体验,在舞台表演中才能真实感人。

几次的亲身体验,郑榕最先感受到的,就是中医和西医的不同。他看到,中医看病不只是头痛医头,脚痛医脚,而是要理顺全身的功能。另外,他还看到,中医大夫和劳动人民非常接近。比如有一次,关幼波大夫给人看病,诊过脉后,他第一句话就跟病人说:"昨天又跟您老伴儿吵嘴了吧?"听那口气,完全就像是亲人老友在聊天,一下子就让病人毫无顾忌,无话不谈。

在中医医院体验生活时,郑榕还听到这样一件事:中华人民共和国成立前,一位很有学问的老中医因生活困难,冬天点不起煤炉子取暖,只好坐在床上围着一条被子,连吃饭都要靠街坊四邻周济。中华人民共和国成立后,人民政府派人来了解情况后,立即帮他安上了炉子,还送来了白面。后来这位老中医又活了多年,还写下了不少珍贵的中医古方和与医术相关的资料。

还有郑榕幼年时教家塾的那个对医学很有研究的孙老师,中华人民共和国成立后,也脱离了寄人篱下、看人眼色度日的生活,在卫生局从事整理医书的工作。郑榕总也忘不了他穿着肥大的干部服,红光满面,一脸欢悦的样子。这些活生生的中医工作者形象,都让郑榕体会到他们对党、对新社会的深厚感情。

体验生活,也让郑榕在剧中创造的人物形象更加鲜活生动,例如在《丹心谱》中,当实验室被"四人帮"卵翼下的"风派"人物贴上了封条时,方凌轩在独白中有这样一段台词:"中华人民共和国的成立才是我真正地诞生,我还要为祖国再工作几十年。"

每当说到这段台词时,郑榕就会想起那个在旧社会几乎无法活下去的老中医,想起幼时家塾的孙老师,想起千千万万在旧社会挣扎着的知识分子,他们在党的领导下获得了新生。他还由此想到了党对广大知识分子的关怀和教育。

而相比"四人帮"对知识分子的疯狂迫害,他心中深沉的爱和刻骨的恨油然而生。这些都使郑榕在表演时不仅加重了那句台词的分量,整个人物也不断地活起来了。

在《丹心谱》中,作者苏叔阳不仅怀着满腔仇恨鞭挞了"四人帮",更以极大的热情歌颂了周恩来总理。对此,曾与周总理有"数面之交"的郑榕更有深刻的体会。例如剧中方凌轩和老妻一起回忆1942年在重庆初次见到周总理时的一段戏,他觉得写得非常真挚感人,立刻就想起了1945年他流浪到花天酒地、贫富悬殊的重庆时,正赶上日本投降参加戏剧界一次庆祝集会的情景,他的心中也立时就像升起一股温暖的春风一样。因而郑榕说,这段回忆,也帮助他丰富了对那一段戏的想象。

还比如,剧中方凌轩在小红本上记下了周总理的多次教导,他对这个小本子要"以命相保"的那一段戏,郑榕在表演时,也总是想起周总理的音容笑貌。因为以前在"人艺",他们都曾亲身聆听过周总理多次亲切的教诲。那时,周总理经常在百忙中抽空来看戏。看完戏后,周总理就到台上来接见所有演出人员。

郑榕也忘不了,周总理总是含着微笑,迈着健步,一直走到大家面前。当他握住你的手时,总是那样有力。他的目光一直望着你,像是一团火,千言万语送进你的心里。虽然有时周总理也会严肃地提出批评,但那正是他对演员们的

舞台之光

郑榕传

爱护。

他还记得有一次演出中，一位青年演员是第一次登上舞台演出。周总理知道后，就在接见大家时，直接走到她的面前，用力握住她的手久久不放。总理无声的鼓励让大家都很感动。郑榕当时就想，总理对青年一代寄予了多么深切的希望啊！

这些让郑榕挥之不去的一个个"镜头"，在剧中演到方凌轩和郑松年"话别"，和女儿静淑"谈心"这两段戏时，也成了他脑子里经常出现的情景。

"文革"中，"四人帮"否定话剧表演艺术，不许反映真实的生活。因此，"人艺"在《丹心谱》的排练中，很注意肃清"四人帮"的流毒和影响，力求做到敢破敢立，开始恢复了现实主义表演方法的传统。

但在排练开始时，郑榕还不能完全摆脱"四人帮"鼓吹的"三突出"影响。他最初认为，演一个"普普通通的老头"就可以了，不想却让角色落入了"浊"和"衰"。导演梅阡对他提出要防"躁"，同志们也对他指出要"待人亲切"。经过导演和同志们的帮助，他才逐渐克服了自己的一些不利条件和习惯毛病，终于在和女儿静淑谈"理想"，和吴丽芳谈"丹心"的两段戏中有所突破。

此外，郑榕还十分注意在表演对不同对象的不同态度，以及寻找每句话的具体动作方面时，要严格按照当时的背景。比如一方面表现方凌轩对"四人帮"的压力有所识别，不能单纯演他受迫害，凄凄惨惨。另一方面又不能把他演成未卜先知，老是横眉冷对。

从生活出发，不断肃清"四人帮"的流毒，终使郑榕对方凌轩这个人物的理解逐渐加深。尽管这个人物的创造尚不

120

那么完美,广大观众却给予热情的鼓励。感动之余,郑榕更加认识到,以前"四人帮"那一套歪曲生活真实的东西既脱离实践,又不得人心。

《丹心谱》的演出,也让郑榕牢牢记住了剧中那句"今后该怎样做才能不辜负毛主席和周总理对我们的期望"。他在心中暗暗对自己说,一定要努力学习,勇于实践,恢复和发扬话剧的优良传统,让话剧园地开放出更加绚丽的花朵!

3.《丹心谱》之光

《丹心谱》排好以后,先在排演厅连排多日,招待各界人士,听取意见。1978年3月17日正式公演后,观众反应热烈,前后演出了一百多场,艺术界也给予了很高的评价。后来还参加了全国调演,并获得创作、演出一等奖。

当时,正值各报刊恢复出版时期,因此刊登介绍《丹心谱》之多也为历来演出所罕见。"人艺"院长也给予了高度评价。还有人称赞说,《丹心谱》的语言诙谐含蓄,富于哲理。如"部里那位领导本来等着喝人参大补汤,结果我给了她一两巴豆霜","干工作,要像春蚕吐丝,兢兢业业,到死方休;做人,要像点着的蜡烛,从头燃到脚,一生光明"等,都给观众留下了深刻印象。

有一天演出散场后,张瑞芳、赵丹来到后台握手致贺,他们激动地对郑榕说,这些年我们多么想演戏呀,如今你们替我们演了!

听了他们的话,郑榕也很激动,是啊,正是《丹心谱》的演出,打破了被"四人帮"推向极端的公式化和概念化,重新恢

舞台之光 郑榕传

复了"五四"以来我国进步文学的现实主义传统。就像曹禺院长说的那样,写戏主要是写"人","四人帮"恰恰把这一条抽掉了。他们主张用"符号"代替"人"。人物一出场,连3岁儿童都能指出好人坏人,这样的戏不但不能启迪人们去认识真正的人生和社会,还会造成民族的日益愚昧。

郑榕更认识到,《丹心谱》的演出不仅让他取得了巨大收获,也标志着他在表演上的分水岭。过去他总认为人物的外部形象得不到确定就无从表演。但这次在梅阡导演的帮助下,他克服了表演形象的习惯,只去考虑人物的思想行动,最终得到了肯定,也使他产生了信心。终于在抛开形象、寻找内在感觉的表演方法上迈出了第一步!

《丹心谱》成功演出了一百多场后。正是春暖花开的大好时节。一天,心情愉悦的郑榕来到"文革"期间他经常去散步的故宫筒子河畔。面对吐绿的嫩柳,不禁口诵打油诗一首:"年年攀折年年绿,今年颜色胜昔时。纤腰舞动拂人面,喜把春风报君知。"

积极投入《丹心谱》演出的郑榕,终于在革命的戏剧道路上,又迈出了新的脚步。

1978年,《丹心谱》剧组又加入了包括侯宝林、郭兰英、李波等多名老艺术家在内的"大庆演出慰问团"赴大庆演出。他们在大庆受到热烈欢迎。在大庆招待所休息室,郑榕听到服务人员讲起周总理当年来大庆喝玉米粥的事,不由心中一阵感慨。

慰问团在哈尔滨市演出的时候,郑榕见到了"老人艺"的张权、路葳等同志。张权是曾经留学美国的著名歌唱家,虽在"文革"中被红卫兵踢伤腰骨,但精神仍不减当年。"老人艺"的"老人"相见,自是分外热情,激动万分。再加上1943年郑榕在西安认识的刘沄老友,大家一起同游太阳岛,共同举杯,欢庆"二次解放"。放眼未来,更是充满乐观,信心百倍。

同年4月6日,经北京市委有关部门决定,将在"文革"中改为"北京话剧团"的"人艺"恢复原来名称:北京人民艺术剧院,曹禺同志为院长。消息在全院大会上宣布时,群情振奋,热烈鼓掌,一致欢呼市委这一决定。那一年冬季,郑榕参加了"人艺"的艺术委员会。

4．重排《茶馆》后的联想与艺术探讨

《丹心谱》成功演出后不久,"人艺"又重排了老舍先生的《茶馆》。这一年距《茶馆》的上一次演出虽已过去16年,观众反应却非常热烈。同时这一年又是老舍先生诞辰80周年,郑榕不禁十分感慨,他从《茶馆》重排演出的热况联想到老舍著作的魅力,又开始了对艺术的探讨。

1979年2月3日,为纪念老舍先生80诞辰,"人艺"在首都剧场演出了《茶馆》第一幕,立即受到观众欢迎。"人艺"随即整理排练全剧,并于3月11日正式公演。这次演出效果和1963年的演出大不相同。有一位老先生说:"看完《茶馆》之后,一夜翻来覆去没有睡好觉,把他一生的经历,从清朝末年,军阀混战,敌伪统治,国民党时期,一直到全国解放,全都回想起来了,最后得出结论:还是社会主义好!"一位年轻的英国芭蕾舞演员看了《茶馆》说:"我懂得了中国为什么要搞社会主义。"

经过"四人帮"搞乱了十几年后,许多年轻人反而爱看《茶馆》,而且从中受到了教育。可见作家从深厚的生活中提

舞台之光　郑榕传

炼创造出来的经典形象,有很大的概括力,它能使观众举一反三,从"这一个"联想到"那许多"。以前有些人认为老舍先生怀旧,那是对《茶馆》的极大误解。

《茶馆》的重新排练和演出,也让郑榕认识到,艺术是无止境的。演员要让观众认可,一定要付出艰辛的努力。他想起美国剧作家阿瑟·密勒看了《丹心谱》的演出以后,曾私下对英若诚讲:"你们在舞台上会用思想的人不多。"当时听了很受震动,他下决心要弄清楚用思想和挤情绪的不同。

在整理排演《雷雨》时,夏淳导演对郑榕说,周朴园不应该自始至终没有一点儿笑容。于是他重新探讨了第一场回家时的心情。从周朴园上场后的动作来看,主要的是想和家人团聚。他试着改变过去的表演身份,即表现严厉的做法,认真去关心家中的每一个人:发现蘩漪的脸色不正常,就叫四凤端药来给她喝;周冲在身后说:"爸,妈不愿意,您何必这样强迫呢?"他回头发现冲儿顶撞的目光,他突然意识到对病人的姑息已经影响到孩子的任性。为了教育自己的孩子,一定要蘩漪把药喝下去,做个服从的榜样。这个愿望是在交流中产生的,结果下面《喝药》一场戏进行得比以前任何一次演出都真实。

在第二幕《相认》一场里,郑榕也解决了长期未解决的周朴园对鲁侍萍到底持什么态度的问题。过去他曾害怕被扣上"人性论"的帽子。后来在强调"以阶级斗争为纲"的年代里,则更要防止"阶级调和"的嫌疑。

"文革"后郑榕读胡乔木一篇《关于人道主义和异化问题》①的文章,其中谈到:"关于人道主义,它有两个方面的含

---

① 胡乔木:《关于人道主义和异化问题》,人民出版社1984年版。

义：一是作为世界观和历史观，一是作为伦理原则和道德规范。这两个方面有联系，又有区别。至于人类学和文学艺术，从各自的角度研究和表现历史的、现实的人和人性，当然是必要的。历史唯物主义不能代替这些研究和表现，当然也不应该指责它们是历史唯心主义的抽象的人性论。"

郑榕终于找到了周朴园的哲理，也就是他曾经提到周朴园对鲁侍萍的"你死我葬，你生我养"。这是周朴园的道德准则，在周朴园看来这是尽善尽美的了！而鲁侍萍则认为，精神上的创伤不是金钱能够治愈的，她接过五千元的支票，当场撕碎……对支票的一付一撕，正好展示了两种世界观的迥然不同，它能发人深省，取得效益。

从重排《茶馆》的联想到对排演《雷雨》的整理，应该说，走出"文革"阴云的郑榕，对表演艺术的研究同样迈出了新的脚步。

5．走上银幕的突破

1980年，《丹心谱》由北京电影制片厂开拍。著名导演谢添担任导演，郑榕在影片中仍出演方凌轩，片中其他大部分角色也仍由"人艺"的演员担任。

这是在1952年参加电影《龙须沟》的拍摄后，郑榕又一次从话剧舞台走上银幕。期间时隔28年，当年28岁的新中国话剧演员也已成为令人尊敬的话剧表演艺术家。也因此，参加电影《丹心谱》的拍摄时，无论是岁月还是年龄，都让郑榕经历了从舞台到银幕"跨越"的新挑战。

在新的困难面前，郑榕没有退缩，而是迎头直上，并最终

舞台之光 郑榕传

取得了从舞台到银幕表演的突破,更难得的是,他还对自己这次的"跨界"表演进行了认真细致的总结。虽然他谦虚地称自己"只仗着一点儿勤奋不辍的精神",但却让我们看到一个话剧表演艺术家不断探索进取的精神。

其实《丹心谱》在1978年时北京电影制片厂就曾经由谢添、林默予等人参加进行过拍摄,但不久便中断了。1980年决定仍由谢添执导重拍。这次拍摄,除了片中的李光由北影演员张平担任外,其他角色全部邀请了"人艺"的原班人马参加。

也许是话剧人才占大多数的原因吧,电影开拍后,给人感觉很多演员几乎一举手一投足都表演过火。这也让他们在电影拍摄的一开始便遇到很大的困难。不过年轻的演员都很快地适应了。唯独郑榕,几乎丧失了信心。

有一次在北京制药厂的楼道里拍实景,是方凌轩气愤地走下楼梯的一场戏。郑榕一连做了四五遍,导演却总是说"不行!再来!"当时楼道上下挤满了看热闹的人,老舍先生的女儿恰好也在。她回家后就对母亲说:"您跟谢添导演说一说,他对老演员太严厉了!"

屡遭"失败"的郑榕却觉得没有什么,他倒认为在业务上要求严格是件好事。因为他认为自己"既无横溢的才华,更无出众的相貌,只仗着一点儿勤奋不辍的精神"。

每当拍摄中郑榕被逼入"山重水尽疑无路"时,他就会预感到"柳暗花明又一村",而这也正是需要奋力拼搏的时刻,是啊,人生的乐趣不也正是在这里吗!

他还悟出,比起演话剧,拍电影有一个最大的好处,就是第二天看样片可以"照镜子"。郑榕通过"照镜子"千方百计地进行试验,终于让他在拍"发现试验室被查封"那场戏时,得到了导演的肯定。这是郑榕从舞台到银幕表演的突破。从那以后,郑榕更有信心了。到了拍摄后期,导演还夸他比别人更接近于电影表演。

拍摄电影《丹心谱》,也让不断努力、不断拼搏的郑榕总结出十二条拍电影和演话剧的不同之处,并把它们归结出主要的三点:

第一点是舞台只适于宏观构思。电影可以进行微观构思,要求细致地表现人物的内心活动和矛盾心理,注意细微的突发和反应。说台词在舞台上很重要,拍电影却变成极为次要的了。要让头脑中的思想活跃展开,一面尽力克制不让它表现出来,这时内在的思想变化便都在你的两眼中映出,越克制内心的活动会越强烈、越细致,这时下意识产生的一些细微反应在银幕上最为感人。

第二点是拍电影不像演舞台剧那样前后连贯,一气呵成。拍摄的顺序经常是颠倒的、割裂的,因此必须在开拍前做到胸有全局,掌握好人物的思想背景。同时随时准备进入角色,就像一个熟练的球员在比赛前五分钟的状态那样,能够应付突如其来的遭遇和变化,及时地做出正确反应。切忌现场酝酿情绪和事先设计外部动作。

第三点是舞台上演戏是靠双方的"交流"碰球碰出来的。而在拍摄现场往往对方并不存在,需要和想象中的"球"交流,这就要求高度的注意力集中。比如有一次在什刹海附近拍《惊闻噩耗》的一场戏:方凌轩从大门里走出来,到街对面去上车,刚打开车门突然听到马路上广播喇叭里传来周总理逝世的消息,他木然呆立,眼含热泪。这个广播声音当时是没有的,全靠自己想象,而此时就在郑榕面前咫尺之近的地方站满了看热闹的群众,警察大声地维持秩序。

郑榕还认识到,这次拍摄《丹心谱》对他来说是一次极大的考验。因为在舞台上,演员要把自己注意力集中在整个舞台上的灯光区内。而拍电影时,却要设想只有一个聚光灯从头顶上射下来,注意力只能集中在身体周围大的地方,否则便会受到来来往往的工作人员和周围群众的干扰,很难进入角色。

参加完电影《丹心谱》拍摄后,郑榕又参加了多部影视剧的拍摄,因此他对自己"跨界"表演进行的总结,不仅是对表演艺术的探讨,更促进了他日后对影视表演艺术的钻研和提高。就如他自己说的"给我上了重要的艺术课"。

6.《茶馆》出国到西欧

1980年9月25日,"人艺"《茶馆》剧组演出团从首都机场出发,开始了对德国、法国、瑞士西欧三国访问演出的行程。自从1958年首次公演后,《茶馆》早已为中国大地熟悉,但作为中国话剧走出国门,还是第一次。

《茶馆》此次出国演出行程总共50天,其中在德国巡回11个城市,演出14场历时30天。在法国3个城市演出9场,共15天。在瑞士7天演出2场。

1980年10月,《茶馆》剧组应曼海姆民族剧院的约请去德意志联邦共和国演出。该剧院创建于1779年,由于在1782年成功上演了席勒的处女作《强盗》,致使当时还很年轻的剧院获得了"席勒剧院"的称号。

《茶馆》剧组启程后,由于飞机未能直达,首场公演的时间便耽误了。到达法兰克福机场时已是28日凌晨。在机场,他们就受到了热烈欢迎。看见曼海姆剧院的人员排着长队赠给每人一支红玫瑰花,大家的倦意全消了。

第二天就开始演出,没想到首场演出就受到了德国观众极其热烈的欢迎。郑榕看到,全场掌声雷动。观众齐声喝彩,不停地喊着"妙啊！妙极了!"演员在掌声中一次又一次地谢幕。还有一些观众激动地用脚跺地板,这是欧洲观众表示赞赏的最高形式。以后的历次演出,反应都是同样的热烈。

据后来统计,当时西德将近 200 家报刊发表了有关《茶馆》的文章。勒弗库森的一家报纸评论说,使观众对舞台上发生的事情如此神魂颠倒的不完全在于引人入胜的故事情节。更主要的是,使我们感到惊讶的是,中国话剧演出团能够使我们透过奇异陌生的现象看到本质和现实。即使是那些到过中国访问的人也难于洞察这一切。

《茶馆》在德国的演出获得成功,郑榕觉得离不开现场担任同声翻译的乌苇先生的精彩奉献。乌苇先生的妻子是中国著名电影演员沈丹萍。多年来,乌苇先生一直积极致力于中国和德国的文化交流工作。因此,郑榕对乌苇先生大加赞扬说:"西方观众对《茶馆》一剧的接受理解程度如何,在很大程度上与翻译人员的讲解好坏有关。乌苇先生自告奋勇,担任同声翻译的讲解人。他看过《茶馆》演出二十多次,连观众何时发笑都掌握了。此外他对剧本有感情,和演员也都交上了朋友。他的同声传译和台上的节奏,演员感情的配合非常好。"

郑榕还认为《茶馆》出国演出获得的成功,也离不开当时的德意志联邦共和国各方面的支持。他们这次演出受到了西德各方面的大力支持,首先是西门子公司提供了全场的无线译意风设备及安装回收的工作人员。还有奔驰公司提供

舞台之光　郑榕传

了两辆大型豪华旅游车,运载他们巡回11个城市。各个剧场更是全力支持,提供合作。

西德的剧场防火制度很严,舞台上不允许有木头和布制作的布景。但他们对《茶馆》则特别开放绿灯。为保证安全,每天晚上的演出都特别增加消防人员在后台值班。

他们还尽量满足《茶馆》剧组演员们观摩演出的要求。尽管他们的票价昂贵,而且是年初订票制,但还是为全团人员安排了9场话剧,2场歌剧的观摩,使《茶馆》剧组演员得到了学习的机会,广开了眼界。

在联邦德国,《茶馆》剧组巡回演出了11个城市,每个城市里都有现代化的剧场,而且大多是战后重建的。德国的剧场有一个特点,就是大多由大中小3个剧场组成。大剧场演歌剧,能容纳1200人左右。中型剧场演话剧,可容纳600—900位观众。小剧场只有100—300个座位。

《茶馆》剧组演员们在杜塞尔多夫和萨尔布吕肯的小剧场就看过戏,这个小剧场只能容纳180个观众。舞台是延伸的,观众三面环坐,和表演区非常接近。没有大幕,灯光设备和后台墙壁都暴露在外移动布景简单,道具当众迁换。

他们看的是英国戏《就是这样生活吗?》。这部戏表现了一个遭车祸后全身瘫痪,躺在医院病床上很痛苦,要求早死的雕刻家形象。医生说法律不允许,于是展开了争论……观众进入剧场时,发现演员早已在台上的病床上躺好,到戏开演、结束、观众走出剧场,他们一直躺在那里不动。由于观众和演员距离很近,感觉表演真实自然,亲切可信。

德国每个剧院都有一位文学士,比中国的总导演权限还大。剧院决定全年上演的剧目,导演的构思,演出的质量,都得由他通过,这种剧院文学士的身份多是大学教授。

《茶馆》剧组的演员们在法国、瑞士的交流、观摩活动也十分丰富。像建成于1680年的法兰西喜剧院,为了纪念建院300周年,特地邀请了四个外国剧团去演出,《茶馆》是其中的一个。而按照剧院传统,外来剧团只能在它的附属剧院——奥弟翁剧院内演出。

他们还曾去了法兰西喜剧院观看莫里哀的《醉心贵族的小市民》。这个剧院也很有特色。一进休息厅就看到,四壁、观众席、化妆室、后台楼梯,剧场处处都蒙上一层紫红色的天鹅绒。大幕上画的是古老的图案,开幕前,舞台监督用木杖连击台板,让台板咚咚作响,这是从拿破仑时代传下来的规矩。

布景、表演完全沿袭传统的方式,演员的表演也经常被台下的掌声打断,这时演员便停下来鞠躬致谢,然后再接着演下去。观众中有妇女和儿童,她们像是看过多次了,但仍然很感兴趣。在这这个剧场仍然保留由服务员带座并索取小费的习惯,而其他剧场中的小费,穿礼服等积习早就被观众取消了。

法兰西喜剧院由国家补贴。剧院中有十几名终身演员称为"分红演员"(在西方,一般话剧演员都是和剧院签订临时合同的,由几个月到一二年不等。为了生活需要激烈竞争,不少演员还要兼职别的职业)。"分红演员"享有专用的化妆室,有起居室、卧室、洗浴间,如同一整套公寓,可以根据个人兴趣来布置。一般演员的化妆室则很简陋。

西方一些戏剧人士为打破舞台与观众的界限,做了多种尝试。《茶馆》剧组的演员们在巴黎一个破旧的老剧场里就看过一次奇特的演出。导演和主持者是过去英国皇家剧院

一位有的名艺术家彼得·布鲁克。

　　这个剧场的舞台早已拆除，表演区设在原来舞台的废墟上，背景是肮脏剥落的剧场后壁；地下左右各有一个通向地下室的洞口，演员上下场就从那里爬出爬进。第一个剧目叫《骨头》，是从非洲产生的故事。演员有黑人、印尼人、日本人、欧洲人，他们都不化妆，只有一小片篱笆做布景，灯光简易而略有变化。

　　第二个剧目叫《鸟的会议》，是从一个波斯的神话故事改编过来的一队演员扮演大小不同的飞鸟，在列队行进中对话。楼下前面的观众席地而坐，后边是高低的条凳，观众非常拥挤，多是衣着随便的青年人。他们不时鼓掌大笑，反应很热烈。这里的票价低廉，只及其他剧场的一半。

　　散戏后，布鲁克先生身穿中国式的蓝布干部服，在表演区热情地接待了《茶馆》剧组的所有演员，并简单地谈了他的一些想法。他表示，一种民族的文化很容易被另一民族接受，他在追求如何使本民族的文化不受外来的感染。他企图通过一个简单的主题，一个最朴素的方式，来追求一些最高的然而是最简单的原则。他选择非常简单的题材，采用接近儿童剧的形式，为的是让不懂这种语言的人也能看懂。他说戏剧不是照相，演员是在讲一个大家都能看懂的故事。

　　布鲁克先生还称赞了《茶馆》的演出，并对他们说："在这种表演方法中，你们是一流的，戏剧节奏紧凑，性格鲜明。"

　　《茶馆》剧组的演员们还会见了瑞士著名剧作家迪伦马特先生，西方评论界称他是"布莱希特死后最重要的德语戏剧天才"，"人艺"后来还上演了他的剧作《贵妇还乡》。

7．塑造银幕上的董必武

1982年，郑榕在电影《楚天风云》扮演了老一辈革命家董必武。这是继参加《龙须沟》和《丹心谱》的拍摄之后，郑榕又一次走上银幕。所以当时郑榕说："我在话剧舞台生活40年，只和电影打过三次交道。《龙须沟》《丹心谱》都是从话剧改编的，这一次是在彩色故事片《楚天风云》里扮演董必武同志。"

郑榕在《楚天风云》扮演的董必武

《楚天风云》的导演是中国著名导演吴永刚，他以一双慧眼选中郑榕出演董必武，他不仅觉得郑榕与影片中董必武年龄气质相近，更看中他深厚的表演艺术功底。一向勤奋好学的郑榕更是凭借不断钻研和努力，终于在银幕上塑造出令人尊敬，可信的老一辈无产阶级革命家的光辉形象。

提起《楚天风云》，郑榕十分感慨，他说，总结一句话就是：最初的"紧张"和开始"探索"及最后的"感谢"。这亦可说是他塑造银幕上的董必武的艺术创作过程吧。

（一）从"紧张"到"探索"

影片《楚天风云》总导演吴永刚是位老电影导演，当年阮玲玉的代表作《神女》就是由他执导的。他让郑榕在影片中

扮演董必武,听到这个决定,郑榕最初有些紧张。对郑榕来说,这是一次重大的考验,因为过去他从未演过这样的角色。

吴永刚总导演约郑榕到饭店会面,叼着大烟斗对他说:"我想从日常生活角度塑造一个领导形象,这也是一条新路子吧!"于是顺着这条"路子",郑榕开始了探索。

我重读了扮演列宁的史楚金所写的传记。他在拍《列宁在一九一八》时,放弃了追求外表特征,力求深刻地显露列宁的性格。契尔卡索夫也曾说过:"演历史人物要使观众通过他看到当时的历史背景,推进人物前进的力量是什么。"

我去上海资料馆翻阅了"大革命"时期的资料,并把一些人物图片描绘下来,摆在宿舍里朝夕相对。有一个穿长衫背着一只手在江边徘徊的人物对我很有启发。那是一个大动荡的时代,接近于影片《大浪淘沙》的时期,在这样的狂风恶浪中坚持做中流砥柱是极不容易的。后来我把这个穿长衫背手的哀痛姿态用在影片中悼念唐楚梅的镜头里了。

此外郑榕在拍电影前还对着董老生前的照片,临摹了很多董老的形象。他还访问了董老的大儿子和他的一位警卫员。他们都生动地向郑榕介绍了董老生前的音容笑貌和生活习惯,并对郑榕说起这样一件事:在"四人帮"猖獗的时期,董老病重,一天,朱老去看望他,二人相对无言,董老只是用笔速书"群言堂"三个字,一时爱国爱民之心溢于肺腑。

董老原是清朝末年一个秀才,是戴着"瓜皮帽参加革命党的"。郑榕看了史沫特莱著的《伟大的道路》一书,觉得受到很大启发。老一辈革命家为了探求救中国、救人民的真理,从圣贤之道到《天演论》,从康有为、梁启超到谭嗣同,从明治维新到孙中山的《三民主义》,跨过多少艰难曲折的道路,最后才认识到——只有马列主义才能救中国!

董老早年曾为武汉中学题字"朴诚勇毅",这也是他自己的座右铭。他自称:"我似老牛鞭不动。"从参加革命到当上中华人民共和国副主席,几十年如一日,始终是甘当人民的老黄牛。郑榕觉得"朴"字最能代表董老的性格,决心要突出他的平易近人。

郑榕还看到倔强是董老性格的另一面。有位老同志说:"爱抬杠找董必武。"他盛怒时用手一左一右捋自己的两撇胡子。这动作被郑榕用到听说郑伟被判死刑的戏上了,起到渲染董老"横眉冷对"、凛然正气的效果。

董老还热爱读书学习。他有一个自制的小书架,总是随身携带。郑榕就把勤于思考处理成人物的第二特点:什么事他都要动脑筋,不轻易发号施令。在用道理说服别人时,首先想到的是说服自己。

(二)感谢电影前辈的帮助

话剧演员演电影不太习惯,因为很多规矩不一样。话剧演员演各式各样的人物,进入角色总要有个过程,从形象外部找对了劲儿,还要从内心找感觉。例如演《雷雨》里的周朴园时,演了上百场,郑榕才觉得找准了。

可是电影不然,上来就拍,有时还先拍结尾后拍开头。比如《楚天风云》中庆祝武昌起义胜利在街头耍龙灯那场戏,郑榕认为拍得就比较仓促。他们当时在南通,已经一连下了好几天雨,好容易有个晴天,当晚说拍就拍。可是那天郑榕正发高烧,为了给观众一个"像"的感觉,他很紧张,总是对着镜子找表情。后来一看样片,笑的时候嘴咧得过了,很难看,幸好后来剪掉了。

拍完这场戏,郑榕被送进医院住了五天,这是他一生中第一次住院。一出院就拍影片结尾《法庭》那场戏。他决定

放松,不想又放松过了头。结果样片一出来,他感觉全不对。脖子是歪的,像是大病了一场,加上化妆上有点问题,导演决定重拍,他才松了口气。

最后一次重拍安排在后面了。那时影片其他部分已拍了不少,郑榕感觉也找对了,效果也好了许多。因而郑榕说,拍电影对话剧演员来说,是一个考验,一个长进,可以对比着"改毛病,照镜子"。探求深入主人公内心世界的新的可能性,力图表现内心世界的复杂性和矛盾,是克服概念化表演的一条途径。郑榕在拍电影上自认为是个小学生,这次拍《楚天风云》,总导演吴永刚和摄制组的同志们都给了他很大的帮助,因此郑榕说:是电影界的前辈们带我迈出了第一步,我深深地感谢他们!

8.《茶馆》在日本

1983年秋,《茶馆》又来到日本东京、大阪等城市进行了巡回演出。此次演出受到了日本各界人士的热烈欢迎。因此郑榕称"处处都感受到日中两国人民深厚的友谊"。《茶馆》能够跨海东赴日本演出,应该说离不开日本各界友好人士的奔走和努力。而这些,更离不开中日两国话剧表演艺术的"源远流长"。

《茶馆》访日演出归来不久,郑榕撰写了《剧场,古堡,友谊》一文,于1985年编入世界知识出版社出版的《国外归来》一书中。文中对《茶馆》能够访日演出以及中日两国话剧的"渊源"有一段真实感人的描述:

日本著名女演员杉村春子立志要把中国话剧介绍给日本观众。她以70余岁的高龄,经过近两年的奔波,发起了八个民间团体作为赞助人,后来日本官方的国际交流基金也参加了,终于促成了话剧《茶馆》赴日演出之行。1983年9月至10月,我们到日本东京、京都、大阪、广岛四个城市旅行演出,处处都感受到日中两国人民深厚的友谊。

中国的话剧最早是日本传入的。中国话剧创始人之一欧阳予倩早年留学日本,1907年参加春柳社,演出了《黑奴吁天录》。日本的新剧水平是很高的。中华人民共和国成立以后,大型的日本新剧访华演出团曾三次来我国演出访问(小型的和私人的访问不计其数)。第一次是在1960年,带来了由杉村春子主演的《女人的一生》。那时日本人民的一般生活还比较困难,周总理表示要热情接待。他们提出想看看长江,便拨专轮送他们由上海溯长江而上,到武汉后又用专车送到北京。下车后他们由前门车站游行到新桥饭店,周总理和陈毅副总理亲切地接见了他们,在日本戏剧界的朋友中播下了友谊的种子。

这次在东京我曾随同团长等人拜会公明党委员竹入义胜,感谢他为《茶馆》的访日演出做出的努力,他谦虚地说:"加强日中两国人民的友好是周总理要我做的。"

对日本戏剧界朋友庆贺《茶馆》在日本成功演出的热烈场面以及他们对《茶馆》的高度评价等反映日中人民友好的活动,郑榕也在该文中做了描述:

舞台之光

郑榕传

在东京庆祝《茶馆》首演成功的宴会上,日本名导演千田是也发表了热情洋溢的讲话。并按照日本风俗,中日双方各出一位演员,用木槌砸开一桶清酒的桶盖,再用木制的方酒杯舀酒互敬,在酒杯上签名留念。最后日方的舞台监督上台率大家做有节奏的击掌,这也是日本表示友好的传统方式。

离开东京的告别宴会是在地下的"慕尼黑"酒店举行的,店主人弹奏木管风琴助兴。店内悬挂许多玩具木偶都随之鸣锣击鼓,大家载歌载舞,情绪热烈。杉村春子再次从外省演出地点赶来参加,并登台演唱。

这时出现了一个动人的场面,日本著名男演员宇野重吉(影片《金环蚀》的主角)来到了会场。他曾任日本戏剧家首次访华团团长,十年动乱期间和我们中断了联系,这次又重新参加了中日友好的集会,我们为之热烈鼓掌。

他很激动,主动上台去和杉村春子并肩歌唱,千田是也参加了这次合唱。看到这个团结友好的场面,日本戏剧界的人士也不禁流下了热泪……最后大家携起手来,绕着餐桌跳起了团结舞,直到深夜才依依不舍地分手。

日中演剧交流话剧人社常任理事小泽明是蓝天野的好朋友,他多次约请我们部分演员散戏后去吃日本料理。年事已高的舞台美术专家三林亮太郎教授也不辞辛苦赶来参加。有一次他从下午3点在饭店前厅一直坐等到我们夜场散戏。他热情地称赞《茶馆》的演出。他说:"我到过欧洲各国,看过很多国家的戏,《茶馆》的演出堪称世界第一流而无愧……你们的台词发自内心,流自血液,认真和台下交流,这才是现实主义。作为一个老人,我能体会到三个老头一场戏确是发自临死前的老人心底的呼声。"

话剧人社的理事长日笠是久为了日中演剧的交流贡献出他的全部财产。受尽各种折磨,妻子得了神经病,但他谋求日中友好的志愿始终如一……我们在大阪的欢迎会上向他敬了酒。

关西艺术座的柳川清曾多次访问过我国。1958年他上演了《阿Q正传》,并扮演阿Q;后来又演出《茶馆》,他扮演秦二爷。这次他们夫妇特地从大阪赶到京都欢迎我们,并在一家叫"竹中"的日本家庭式的高级料理店举行夜宴,请我们部分演员和团长吃各种名贵的生鱼片。女店主身穿和服亲自把盏,大家席地跪坐,备感亲切。

在京都演出两场,正遇上十号台风成灾,暴雨中剧场依然满座。第一天开幕时,楼上观众席放下一面五星红旗。散戏后,一队华侨青年摇动中日两国国旗,在剧场门外高唱中国歌曲为我们送行,在雨中站立将近半小时,最后一车开动时他们还追出老远。

在大阪演出时,杉村春子率领演出组的文学座的全体成员来看戏,并在散戏后到后台译意介绍。她强调要把老一辈建立起来的中日戏剧界的友谊一代一代永传下去……在大阪还举行了一个盛大的告别宴会,有四位日本女音乐家身穿和服,弹筝(瑟?)助兴,声调幽雅,饶有古风。

和《茶馆》在德国演出获得成功离不开现场担任同声翻译的乌苇先生精彩奉献一样,郑榕认为《茶馆》在日本演出的成功,同样离不开担任同声翻译的日本朋友的辛苦付出。因

此,他在文中写道:

《茶馆》旅日演出成功,是和担任同声翻译的五位日本演员的辛苦努力分不开的。为王掌柜译声的梅野泰靖为了日中友好牺牲了一次拍摄电影的机会,日本名导演阿部广次教授亲自担任同声翻译的导演工作,他们不断琢磨改善,精益求精,使剧场的反应接近了国内的效果。青艺演员于黛琴为他们充当翻译,也做了大量工作。

最后在大阪机场送别时,很多人都流下了眼泪,女演员来路史圌特地买了一个带鸟笼的钥匙链送给我。柳川清夫妇请我们在机场喝咖啡,他语重心长地对夏淳团长说:"日本人很了解《茶馆》,我们有共同的地方。在日本有很多人辛勤一生,一旦破产便丧失了一切。"

《茶馆》的旅日演出,无疑对中日两国人民在戏剧文化方面的交流起到了促进和推动作用。就如郑榕在文中写的那样:"《茶馆》访日演出为中日文化交流又铺设了一条新的轨道,对此我们深感欣慰。"

9. 编剧与导演

走上银幕拍电影《楚天风云》,跨出国门演话剧《茶馆》,走出"文革"阴云的郑榕,不仅迎来了演艺事业的春天,更显示出他卓越的表演才能。而随着改革开放的深入发展,郑榕的创作精力也愈加旺盛。演戏之余,郑榕还撰写了电影文学剧本《诗人魂》,导演了话剧《吉庆有余》,可说是艺术创作愈加丰富多彩。

《诗人魂》是郑榕为生于动乱年代,历经贫困、流离,忧国忧民的唐代诗人杜甫而撰写的电影剧本。对于创作《诗人魂》的初衷,郑榕说,"文革"过后,"伤痕文学""反思文学""寻根"等思潮,曾盛行一时,但他却对历史人物发生了兴趣。一次看画展,发现有好几幅反映杜甫的作品,便产生了冲动,倘能把杜甫的一生写成电影剧本有多好啊!正好在上海拍《楚天风云》时期,很多时间没有他的戏,便利用余暇,搜集资料,动起笔来。不料心如潮涌,一开始便不能自已。

《诗人魂》的内容,郑榕写得也很生动丰富,他设想了斗鸡童贾昌的一条副线。贾昌由乞丐、斗鸡童、将军,最后成为义盗弩跖的接班人。起始为报恩促使杜甫成亲,结尾为饿死舟中的杜甫送终。他的妻子是杨贵妃的内侍,在骊山安排舞宴,在马嵬用手为杨贵妃刨坟,终身为她守灵。

杜甫应恩师李邕写信邀请赴京,途中遇李白、高适:"清霜大泽,野草过人。三人呼鹰逐兔,驰马游猎。单父琴台上浮云片片,天地无涯,远望渤海之滨,胸怀辽阔,对酒高歌。"李白《古风》一诗,道出了他对长安的失望。

杜甫进京,目睹李邕遭李林甫杖杀。救出李邕女儿之后,便开始了"朝扣富儿门,暮随肥马尘"的生涯。献上《三大礼赋》后,才受命待制集贤院。回东都尸乡土室祭拜祖坟,时年40岁。众乡里蓬首垢面,远远围观,一白发老妇见杜甫至面前,惶然下跪。

回室用饭,桌上摆着乡里们送来的美酒佳肴,孩子们却在灶房里围着一盆野菜汤,杜甫不禁泪下。其后上骊山为贾氏送信,目睹"御膳房传菜,驼峰熊掌,荔枝霜橙,美酒鲜脍,络绎不绝",下山时却看见石壕村征来的老民工正掩埋远道

寻父中途饿死的幼子,他便拾起幼子挂过的枯枝在坟头上大书"朱门酒肉臭,路有冻死骨"。

《诗人魂》完成后,于当年在《春城戏剧》上发表。后虽由于种种原因未能拍成影视剧,却受到了界内人士"有郭老之风"的好评。对此,郑榕则很谦虚地认为"自己对杜甫的心理变化挖掘得不深"。

郑榕说,杜甫身受开元时代由于社会繁荣产生的高度文化的熏陶,又经历了天宝以后唐代政治经济的重大变化,贫困和动乱使他接近了人民的生活,虽然未能摆脱掉家世和出身给他的影响,但在某些时期他确实超越了自己的阶级,看到了他的阶级以外的事物。这中间他经历了艰苦的过程与巨大的矛盾,可惜自感力不从心,难以做到"求物之妙",但《诗人魂》剧本确是出于自己一时真情之作。

不久,郑榕又接受了为"人艺"导演话剧《吉庆有余》的任务。这部话剧写的是党的三中全会以后,一个郊区农村的新变化。作者在剧中比较巧妙地选取了大队书记老崔为儿子办婚事的典型事件来展开矛盾,既写出了走集体致富之路给人们的精神面貌带来的显著变化,又提出如何建设社会主义精神文明的深刻问题。

经过努力,郑榕执导的话剧《吉庆有余》终于在"人艺"建院30周年之际上演了,并在院庆大会后进行了两场招待演出,结果观众反映十分热烈。大家普遍反映这部话剧生活气息浓,语言生动,保持了"人艺"的风格。

国家领导人习仲勋及各方面领导人吕正操、张执一、王昆仑、李伯钊、贺敬之、张大中等观看了《吉庆有余》,习仲勋在剧场休息室还就物质文明、精神文明和《吉庆有余》主题等方面对大家进行了鼓励。

《吉庆有余》演出后,各类报刊也发表了很多赞誉性的评论文章。中央电视台导演许欢子决定将《吉庆有余》改编为电视剧,以通过屏幕让这个剧展现在全国观众的面前。《吉庆有余》获得了成功,郑榕却觉得这个成就离不开焦先生多年来的教诲。

郑榕说,自己做的,首先就是试图冲破问题剧的"壳壳",着眼于展示三中全会后精神面貌发生巨大变化的农民新风貌、新形象。因为他们是活生生的人,有血、有肉、有思想、有感情。所以要让矛盾由不同的人物性格展开,而不是按"红白脸"来区分,要让人人都说出自己的心里话。要让大家感受到,党的富民政策就像投在溪水中的一粒石子,溅起了朵朵浪花。

另一方面,就是他牢记焦先生的教导,采用了寻找心理动作开始不说台词的做法,并发动大家及时总结排练中的问题。一面要求生活和人物细节,一面掌握戏剧较快的变化节奏,观众想看的戏要演足、演透,没戏的地方就一笔带过。

此外还要通过细腻的性格矛盾让观众由衷地发笑,决不能去胳肢观众。因为戏剧是人的精神世界的开拓。在人的意识形态里,充满着千头万绪的矛盾,如同浪花在阳光中闪耀出绚丽的七色光一样,它以生动多彩来动人,而不是以原则说教来训人。

一部剧的成功,更离不开好的编剧。《吉庆有余》的编剧王志安是1958年剧院学员班的毕业生,郑榕觉得他既能耐心听取各种不同意见,下笔又有个人的主见,因此他们合作得很顺利。

这年年底,《吉庆有余》在北京市新创作剧目评奖中,获创作、演出二等奖,郑榕获得导演鼓励奖。

□10．电影《茶馆》与电视连续剧《西游记》

也是在这个时期，郑榕又分别参加了电影《茶馆》和大型电视剧《西游记》的拍摄。虽然刚刚拍完电影《丹心谱》，经历了从舞台到银幕的"跨越"，但一向对自己严格要求的郑榕仍然一丝不苟，并和以往一样，坚持对角色的创作认真进行总结。

郑榕（左四）与电影《茶馆》导演谢添等人

郑榕（左）与《西游记》导演杨洁等人

首先是在开拍前,郑榕就认真看了舞台剧的录像。接着,又像拍电影那样,通过"照镜子"找自己在表演上存在的问题。

但电影毕竟不同于话剧舞台,电影中,导演想点明常四爷会武艺,故增加了摔倒二德子的戏,以让常四爷的精神状态更年轻一些。但是当时郑榕已经 58 岁了,要知道在银幕上老演少是很困难的,更何况银幕不像在舞台上,形象气质对人物起着决定作用。

郑榕决心努力克服这些不利的因素,再加上北影著名化妆师王希钟的帮助,郑榕果然在第二幕中塑造的常四爷显得比舞台上更年轻也更深沉,第三幕更是塑出一个非常理想的常四爷老年形象来,无形中为电影《茶馆》增加了艺术真实感。郑榕更是觉得自己是大大增强了对表演艺术的信念。

郑榕还看到,为了拍好《茶馆》这部电影,谢添导演废寝忘食,倾注了全部心血。他知道谢添导演对《茶馆》有着深厚感情,并对大家说,自己没有别的想法,就是想把这么好的一出戏给后人留下来。谢添导演确实按他说的做到了。特别是最后拍摄三个老头的一场戏时,谢添导演设计了一个长镜头,从王掌柜头部透视常四爷和秦二爷,依次显示三位老人对自己一生的回顾,既保留了原著的精华,又发挥了电影艺术的特点,剖析出人物的内心活动,进而获得舞台上难以取得的效果。

在当年电影评选中,电影《茶馆》获得"荣誉奖",这无疑离不开导演谢添的努力。

1982 年,作为表演顾问,郑榕加入了电视剧《西游记》剧组,并应杨洁导演之邀,在剧中出演太上老君。电视剧播出后,荧屏上的太上老君给广大观众留下了深刻的印象,郑榕也由此被更多的观众熟悉和喜爱。不过提起自己加入《西游记》的拍摄,郑榕感触最多还是导演杨洁的工作魄力和很多

舞台之光 郑榕传

演员的敬业精神以及一些拍摄的经历。

原本《西游记》的表演顾问是"人艺"著名演员董行佶，但当时正逢《廖仲恺》导演力邀他出演廖仲恺，杨洁导演只得"忍痛割爱"。于是董行佶将郑榕推荐给了《西游记》导演杨洁同志。

早就耳闻郑榕"大名"的杨洁导演当然很高兴。因此她不仅非常热情地接待了郑榕，除了让他担任了《西游记》的顾问，还让他在剧中出演了太上老君。郑榕是在1982年9月中旬来到剧组的，10月就去了成都青城山参加了《西游记》第八集《偷吃人参果》的拍摄工作。

1983年8月，他们在北京拍了"南天门"的戏。10月至12月又去了山东益都、潍坊、青岛、济南等地拍摄《高老庄收八戒》。1984年5月去了汕头、上海、苏州，拍摄完成《困囚五行山，厄途逢三难》一集。又在8月回到北京拍摄《丹房盗丹》和《瑶池盛会》。此外郑榕还和剧组一起去了泰山、崂山，说起来，《西游记》拍摄的景点遍及了全国名山大川。

郑榕在剧组中也结识了不少新的朋友，首先就是导演杨洁。郑榕觉得她是一位很有魄力导演，面对各种困难，她从不畏惧，对工作也抓得很紧。有一次在工作时，她突然昏倒，但仍然爬起来坚持工作，让大家都很感动。

还有孙悟空的扮演者章金莱，他是绍剧著名表演艺术家六小龄童的爱子，年方25岁，却从不怕苦。取经路远，拍摄任重，炎夏黏上面罩，翻跳武打，汗水流不出来，每天早上还要比别人早起练习基本功，他却从不说什么。

演八戒的马德华也是一个从不叫苦的人，他是北昆的演员。在崂山拍《背媳妇》一场戏时，他戴着面罩和大肚子，背着人在乱石山坡上爬跌，却一直坚持拍到导演满意才罢。演

146

高小姐的是山东京剧团的演员,叫魏慧丽,表演猴王假扮小姐的戏时进时出,异常出色,和演高夫人的高玉倩配合得相得益彰;儿艺的王羊扮演仙童,也是活泼天真。

作为《西游记》的表演顾问,郑榕对《西游记》也给予了很好的评价。他认为,《西游记》的表演,是博彩中国戏曲、话剧、电影等姊妹艺术之长,并熔为一炉,形成自己独特风格的一部戏。此外,剧组还吸收了电影、电视、话剧、戏曲界的许多著名演员参加拍摄,使该片增色不少。

如今,《西游记》首播已过去30余年,但很多观众仍然忘不了当年郑榕扮演的太上老君。提起来,郑榕却觉得没有什么。2015年5月,郑榕在接受《法治晚报》"文娱丨人物"栏目记者采访谈到扮演太上老君这一角色时,仍然十分谦虚。

法晚:您大概从20世纪80年代开始拍电视剧的。很多观众对您印象比较深刻的就是《西游记》里的太上老君。

郑榕:其实在我自己来讲,演那个是比较容易的,像话剧《龙须沟》才是最难的。

法晚:不过因为太上老君,很多人开始认识您。

郑榕:对,现在很多人认识我就是因为太上老君,尤其是你们这个年龄段。

法晚:您在一次采访中说,如果现在再选一次角色,还是太上老君最合适。

郑榕:当时真没想那么多,杨洁定了导演《西游记》,就请董行佶去做表演顾问。董行佶答应了,就在这个时候广东制片厂请董行佶去演廖仲恺,当时很关键,是一个主角,所以董行佶就跟杨洁告假,就把我介绍过去了,说他去不了,让郑榕去。

我去是作为表演顾问的,他们拍戏,我在旁边拿一个板

舞台之光 郑榕传

凳坐着,说两句。那时候的演员绝大部分是戏曲演员,对戏曲咱也不懂,顶多提一些建议,起不了很大的作用。后来到中间的时候,说让我演太上老君,我说行。杨洁对我特别客气,后来开会的时候,在那种场合对我评价很高,其实我在里面没起多大作用。

11. 闪光的"第二征途"

1984年10月,60岁的郑榕在"人艺"正式退休了。随之而来的则是他演艺事业更加繁忙和更加丰富多彩。首先,他应邀参加了长春电影制片厂的电影《谭嗣同》的拍摄。影片放映后获得二等奖,郑榕在片中饰演的荣禄也获得了好评。

继出演电影《谭嗣同》之后,郑榕又先后参加了《直奉大战》《两宫皇太后》《天下第一剑》《金钱大裂变》《复仇大世界》《中国勇士》《大决战》《周恩来》及《沧桑梨园情》等影片的拍摄。从1985年开始,郑榕又接连拍摄了《危如累卵》《康梁变法》《天字号风云录》《同仁堂传说》《唐明皇》《皇太极》《天津战役》《三国演义》《谢觉哉办案》《大海的呼唤》《官场现形记》《风水宝地》及《中国命运的决战》等多部电视片、电视剧。其中他对谢觉哉的扮演最为满意,在《直奉大战》中他扮演的段祺瑞还获得了长影的"小百花奖"。

退休后的郑榕也仍

电影《直奉大战》中的郑榕

然没有离开他热爱并一直奋斗前行的话剧舞台,在与《茶馆》剧组分别去加拿大为86届世界博览会演出12场,去新加坡为艺术节演出6场后,郑榕又与蓝天野、濮存昕共同出演了"人艺"话剧《秦皇父子》,之后又在话剧《冰糖葫芦》中饰演老局长,并在北京天津上海演出61场。

演话剧、拍电影和电视剧,退休后的郑榕一直没有停歇脚步,而他的艺术生命更不止于此。从1985年至1987年两年的时间里,演戏之余的郑榕为广东电视台撰写完成了18集

郑榕在话剧《秦皇父子》中的艺术形象

电视连续剧《康梁变法》。他的表演总结文章《灯火阑珊处》被中央戏剧学院《戏剧》发表,《剧场,古堡,友谊》与《童年往事》也分别被收入《国外归来》与《艺术家的童年》书中。

他从未停止的书画习作走进了"中国名人名家书画精品展",并在五大城市巡回展出。他为怀念老舍先生而画的"老舍来到龙须沟"参加了"中国戏剧家书画展"。他还在北京外语学院与中央电视台合拍的电视片《雷雨》中出演周朴园并兼表演顾问。

在电视连续剧《三国演义》中他既演孔融,又任部分剧集表演顾问。他还为北京电视台《老人节晚会》朗诵《生命的编年》,为北京语言学院录制了《古诗》盒带。他出席文化部社会文化司"业余小品演出群星奖"的评选活动,为孤儿院募集基金晚会和《中国电影界赈灾大义演》演出,还在北京电视台庆香港回归节目《北京的呼唤》中任主持人。

舞台之光 郑榕传

郑榕出席中央电视台节目

　　从话剧舞台到电影银幕、电视荧屏，从撰写文章到当主持人，无不显示出郑榕深厚的表演艺术功底，更为他退休后的演艺事业增添了无限的光彩。提起退休后丰富的"跨界"演出，郑榕仍然很谦虚，他觉得自己最大的收获就是学到了很多，并且能够不断地总结和提高。

　　他也觉得自己很幸运，让他在晚年遇到几位对电影、对演员的准备工作都很重视的导演。而正是这样的几位导演，对他跨入电影表演之门给了很大帮助。因为过去，郑榕总是以为拍电影不太重视表演的准备工作，所以也有人把即兴表演看成是电影和话剧的分水岭。

　　1984年，陈家林导演约郑榕在《谭嗣同》一片中扮演荣禄。那时，他已是熟为人知的擅长导演伟大壮烈的历史巨片的能手了。为了拍好这部影片，陈家林准备了整整一年。在刚一开始建组时，他即做了详尽的导演阐述。紧接着就宣布，他自己要和演员在一起"滚"一个月，其他技术工作则一律交给了副导演去准备。

　　陈家林把来自20多个不同单位的28个主要演员聚在一起，让他们听报告，看史料，讨论人物，做小品。郑榕觉得，陈家林导演在选演员时一反过去概念化的定型,请达式常演谭嗣同,王玉梅演慈禧,因而他对演员的要求也是不要演概念化的性格和情绪。他要求演员认真研究人物的思想根源及其政治主张。寻找他的行为依据,要按照角色的思想去思想,按照角色的目的去行动。他还对大家说,影片是带有纪实性的正剧,因此表演要真实地从环境,从人物的内心出发,从体验出发,让郑榕很受启发。

陈家林导演的愿望是把影片拍成像《清明上河图》一样的历史画卷。郑榕觉得其中黄河难民一场戏拍得极为成功,可说是气势雄伟、细腻逼真,不愧为大手笔!

电影《谭嗣同》是郑榕退休后参加拍摄的第一部影片,也是他演艺事业走向多方面发展的开始。对此,郑榕说,"人艺"的30年培养了他的成长,退休后的十年是他艺术上日臻成熟的时期,有人把退休称作是人生的"第二征途",《谭嗣同》可说是自己在第二征途上迈出的第一步。

12.《甲子园》——告别舞台的演出

2012年,"人艺"建院60周年。为纪念"人艺"60岁"甲子"的生日,著名编剧何冀平创作了以"原创、当代、北京"为主题的话剧《甲子园》。这一年,郑榕已经88岁,距上一次坐在轮椅上出演《屠夫》也已过去了

郑榕在《甲子园》的艺术形象

六年,但他仍然与"人艺"老一辈演员蓝天野、朱旭、朱琳,以及濮存昕、王姬、龚丽君,还有刚刚从学校毕业的学生等"人艺"五代演员共同参加了这部以现今北京生活为背景的话剧演出。

该剧讲述了一个海归女孩因父亲病故,回到了自己的家——一座名为甲子园的充满神秘和故事的百年老宅。没想到这里已经变成了一家老人院。女孩希望尽快卖掉这座宅子,以尽早离开,没想到却掀起了轩然大波。于是,一个不期而至的海归女孩与几个已至暮年的老人之间发生了不可调和的冲突,从而发现了她始料不及的过往,因为每个人都有的一段秘密。

《甲子园》演出后,立即引起了一片轰动,不仅因郑榕等老一辈艺术家加盟的精彩演出,更因为它生动而鲜活地表现了当代北京人生活的真实面貌。因而在郑榕的心中,能够在88岁坐上轮椅登上舞台,除了创作和演出的喜悦,更多的还是为中国话剧能够继承传统,科学创新而感到欣慰。

(一)重登舞台演《甲子园》

郑榕是在演完《屠夫》后,相隔六年出演《甲子园》的。能跟大家伙儿一起排练演出,他很高兴。一方面几个老同事又见面了,可以说他们在一起演了一辈子戏了,到老了再次相聚,让他很珍惜这样的机会;另一方面,也见到了很多年轻人,他们与郑榕有的合作过,有的则是刚到剧院的年轻人。他们充满活力,无形之中也让郑榕觉得自己又年轻起来了。在这个戏中,郑榕饰演金震山,是一位退伍军人。重登舞台,郑榕要求自己首先要重温当年在"人艺"受过的教诲,正是这些,指导他完成了金震山这个人物的塑造。

(二)《甲子园》引起轰动

《甲子园》在首都剧场引起了一场轰动。舞台正中,一棵参天大树矗立在楼的中央,不知它经历了多少历史世事,容纳过多少名人过客,因此有人评论说:"很多人看戏不是看台上的人物,而是在找我们自己的影子。"

"以一种精神的坚守来呼唤人性的复归。"多年来寄居香港的剧作家何冀平女士以惊人的目光担负起了被人们视作畏途的反映现实生活的重任,将很少触及的当代社会高度发达后人的内心痛苦和焦灼的状态搬上话剧舞台。86岁的老演员蓝天野不但以"返老还童"的姿态出现在舞台上,而且几乎忘记了疲倦。82岁的朱旭听取各方意见不断改善这位"易经大师"的形象。

这让郑榕不禁想起一句话来:"中国话剧只有积极反映千百万群众的切身问题时才能得到观众的共鸣。"因此郑榕说,《甲子园》的诞生正值"人艺"建院60周年,"以人为本、关怀社会"这正是"人艺"一直坚持的现实主义传统。感谢何冀平女士给我们带来这样一个具有浓厚时代气息的剧本。改革开放以来人们几乎把西方所有的艺术流派都"拿过来"了,却忽略了戏剧应该承担起在剧场内连接公众生活的任务。当年《茶馆》着重写社会与个人的矛盾,全面表现了一个社会结构的症结所在;《甲子园》通过具有现实意义的"售楼"事件,反映了当前不同阶层人们的真实思想。剧本的结尾带来了光明和理想,是鼓舞人们"向前看"的。

(三)寻找生活根据是舞台创造的先决条件

郑榕认为,舞台表演和影视表演最大的不同就是要创造不同的人物形象。因此在建组之前,他提出了体验生活的要

求,这一想法得到院方的支持。

就这样,《甲子园》的大队人马来到香山敬老院体验生活。他们走访老红军王定烈将军时,老将军赠给剧组每人两本传记,其中记载有当年警卫员为了掩护他壮烈牺牲的经过,是这样写的:"火力严密封锁住这棵树,旁边朱营长的遗体上,又不断地落上子弹。王汉卿终于也爬到树后,原来他的耳朵被穿透……王定烈强烈一震,他向左一跃而去……"这些内容充实了郑榕在《甲子园》中谈到"小山西"时的具体视像。

在送大家走出大楼时,王将军戴上了红军军帽,他把手杖改作"肩枪"式,还做了个"悟空探海"的动作。郑榕看到他身上有一种自我放松的幽默感,这种幽默感让郑榕牢牢记在心中,并成为他创作人物的素材。

要离开敬老院时,香山敬老院的朱团长执意要把心爱之物馈赠剧组演员,他无私的热情让大家很感动。事后都说,这趟香山敬老院不虚此行,每个人都有收获。特别是郑榕,对这个有些轻度痴呆的老红军,刚开始他是摸不着头脑的。但通过与这些老同志的接触,郑榕慢慢理出了一点儿头绪。比如金震山见人就敬礼,是他独有的一种表示"礼貌"的方式。虽然到了后期,对这一处理郑榕又增加了新的解释,但他认为这个原始的"种子"很重要。他后来才体会到,他的"敬礼是表现自己"。

郑榕一直想怎么把这个动作用在戏里。开始排戏用了几回都不自然,后来用上了,而且还做了延伸。

(四)遵循焦菊隐先生和库里涅夫教授的表演方法

在这次排演中,郑榕遇到最大的困难是如何处理一个"既有轻度痴呆又能正常思考"的老人。他想起斯坦尼斯拉夫斯基说的，"形体行动是捕捉情感的诱饵"，"行动不同于情绪，是可以自由支配的，情绪则无法支配。演员不应当在舞台上表演情绪，一定要寻找行动"。

焦菊隐先生也曾说："有了思想便产生愿望，有了愿望才产生行动。随着行动而来的是情感和更多的愿望，接着便产生新的行动，新的行动又引起更浓厚的新的情感和新的愿望……苏联专家库里涅夫教授说：'行动＝愿望＋目的。'"①

这让郑榕悟道，只有在舞台上感觉到"我这是在养老院"，才能产生"我干什么来了"的行动愿望，才能和不同的对象进行交流。这个剧本采用了一些"荒诞"的手法，他可以试验和现实主义表演（交流）不相同的手段，这不仅是一次新的学习，而且随着演出场次的递增，他的学习成果也越来越丰富。

郑榕在演出中后期才逐渐明白，金震山这个人物的"最后一颗子弹"在这个戏里有很重要的含义。第一幕，由于介绍子弹，由小山西谈到国民党的赵拐子跑了，就差这一颗子弹——给这个人物留了悬念；到了下一场，他的孙子金鑫来送枪，没有子弹，这又联系上了；再就是见了大卫，这个人物的心理动作线逐渐清晰。

作者开始写这个人物只是写他的病态——看见谁就瞄准谁，爱打仗离不开枪。郑榕不太同意这种处理。他说，金震山有句话："就差这一颗子弹！"还有陈爱林那句："这房子我不卖……理由很简单，它不是我的。"这两句写得好，它们是金子般的语言。这在当前社会斗争里是很重要的思想，他逐渐在演出中体会到这些，人物的心理动作线算是贯穿下

---

①《一个演员的诞生》，《大庆生活报》1983年7月。

舞台之光 郑榕传

来了。

郑榕感觉,刚开始演出时还是有些疲惫的,后来就好多了,主要是思想理通了,人物通顺了就好了。后来每一场演得都比较顺,剧组新到剧院的演员们也都很用功。所以郑榕说,话剧表演不能手把手教,关键是要在台上实践,而且必须通过碰钉子走弯路才行。我们那时受焦菊隐先生的指导多,受益匪浅。我想,现在的孩子们也要经历一个长期的过程才能摸索出点儿道理。

今年是剧院60年大庆,在今年排演这样一部五世同堂的戏,说明了"人艺"的持久活力,也说明了领导班子的睿智,这是我们所有"人艺"人的幸事。

《甲子园》演出后,郑榕再没有登台演出,因此,《甲子园》也是郑榕告别舞台的演出。离开舞台的郑榕没有失落更没有遗憾,他开始学习并整理研究恩师焦菊隐的艺术理论,为拼搏多年的中国话剧继续做贡献,郑榕认为这是自己后半生的转折点,并且活得很有意义。2015年,《法制晚报》[①]记者与郑榕的一段访谈录,道出了告别舞台后的郑榕真实的思想和生活:

法晚:您上一次登台,还是2012年的话剧《甲子园》?

郑榕:是《甲子园》,纪念"人艺"60周年的一部大戏,让五个老演员参加,演了二十几场。

法晚:当时您是坐着轮椅演的?

郑榕:对,不坐轮椅不行,我就是坐着轮椅上台的。

---

① 《91岁艺术家郑榕:从艺70年,自言原来什么都不会》,《法制晚报》2015年5月19日。

法晚:那次演出现在想起来出过什么纰漏没?

郑榕:有一次演完回来,我就说坏了,忘台词了。我习惯了,如果出什么差错就要自己写一个检讨,写完我就交给艺委会了。本来过去的习惯,检讨要贴在后台,但那个他们没贴。

法晚:那么大岁数忘词太正常了,后来还有这个情况发生吗?

郑榕:没有,后来演到二十几场的时候,是我先提出来,我说我不演了。

法晚:是因为上台觉得吃力吗?

郑榕:主要是因为,我觉得这么大岁数了,在台上还老演出,那么多的年轻演员没有戏演,影响不好,我们不可能成为演出的主力。

对年轻演员不好,这个不合规律,到一定岁数,在舞台上就不行,就得换底下年轻的力量,不能老是我们演,对剧院的发展成长不好,后来院党委开会做出决定,老的都换下来了。

法晚:《甲子园》之后没有再登台了?

郑榕:没有,那个就已经有点过了,岁数太大了。

法晚:现在还有上台的愿望吗?

郑榕:没有,不可能。

法晚:现在不再登台会不会觉得遗憾?

郑榕:没有遗憾。演了《龙须沟》里的赵大爷,《雷雨》里演了周朴园,我演的都是重要角色,该演的都演过了。

我现在把所有的精力集中在研究、传承焦菊隐方面。一个是回想焦菊隐教给我的,我原来什么都不懂。第二,晚年我还是肯学,比如关于中国戏曲、文化方面跟西方现代主义

怎么挂钩,也在拼命学。

法晚:您这是活到老学到老。

郑榕:因为原来什么都不会。小时候学校里面功课就好多门不及格,所以就考的艺专。当时学的很多东西都不懂,都是过了好多年,在艺术实践里面慢慢地摸索,一步一步来试验当初学的东西,都是在晚年弄懂的。我自个儿觉得很幸运,我非常满足。

法晚:那您平时学习得花多长时间?

郑榕:这个不是固定的。今年焦菊隐先生诞辰110周年,回忆、认识焦菊隐导演在"人艺"取得的成绩和走过的道路,我作为他的一个学生,全部精力就搁在这上面了。因为我发现好多资料过去没有人重视,我这两年主要做的工作就是这个。

法晚:就是翻资料、学习。

郑榕:这也是逼着我再学习,算是我后半生的一个转折点,我觉得活得很有意义。

第八章　多彩的话剧人生

□1．书画之爱

读书与画画,是话剧舞台下、生活中的郑榕最大的爱好,无论是童年时喜欢收藏色彩斑斓的连环画,还是青年时期爱读剧本、世界名著和绘画,一直到晚年装满书和画的两间书房,读书与画画始终伴随在郑榕的身边,更让书画与郑榕几十年的话剧人生结下了不解的情缘。

晚年的郑榕户外写生

郑榕将他的这两大爱好分置于家中的客厅和一间较小的房间里。客厅里主要放平日爱看的书,小房间则都是些美术书籍,以及一些笔墨纸砚。两间书房的面积不算小,布置却是简单且普通,书架就是那种可以开合的常见书架。

郑榕很爱惜书,他为每本心爱的书都包上了白色书皮。为了美观,书皮上并没有标注书名。因此要想在书房里寻到

舞台之光 郑榕传

一本好书,就只有他自己才清楚放在哪里。除了看书,画画则是郑榕从小时候就有的兴趣爱好。这个爱好伴随了他一生,什么时候想画了,就提笔画几下,有条件呢,就用点颜料,没条件就用铅笔画画速写,他觉得这样可以让自己感到没有任何的负担和束缚。

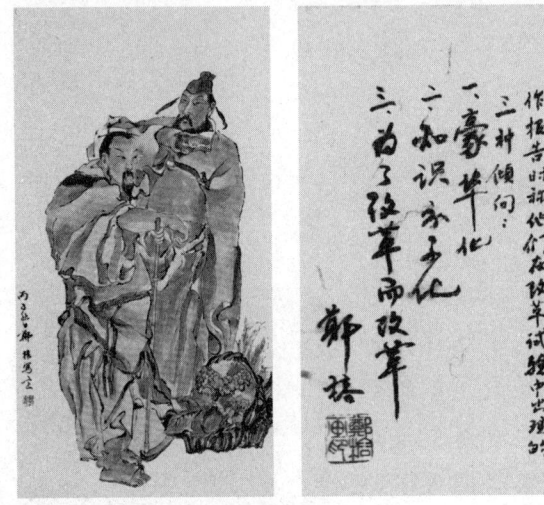

郑榕的书画作品

因为从小在家里念私塾,所以郑榕说自己最早的书画情缘始于童年时难得一次的逛庙会。当时的庙会经常有一些书摊,每次到那里,郑榕总会被书摊里那些栩栩如生的人物和色彩斑斓的洋画片吸引。

那个年代,洋画上画的内容基本都是中国传统小说之类的人物故事,比如《水浒传》《三国志》《封神榜》等。每次看到他就买下收藏起来。因此郑榕说,自己是从连环画开始接近中国古典小说的。

一次偶然的机会,童年的郑榕又得到了上海出版的《滑稽画报》和《时代漫画》。受到这些画报的影响,渐渐地,他又开始对图画和漫画产生了浓厚的兴趣,平日里只要有时间,他便在家里临摹,也算是以此消磨孤独的封闭生活。

到北京上中学以后,郑榕开始接触并喜爱老舍、冰心及巴金等中国名作家的作品,不过他仍然最爱中国古典小说和画册。于是每周逛一次书店和旧书摊成了他那会儿的习惯。有一次,郑榕的舅舅来到他家后,将一本《三言二拍》放在了床下的柳条箱里。

趁大人不在时,郑榕拿出来偷着去看。这一看,忍不住又接连看了《三侠五义》《聊斋志异》等。当时家里的仆人不识字,他就捧着本《三侠五义》声情并茂地读给他们听,结果一读不要紧,把仆人们都吸引住了。郑榕说,或许正是从那个时候,他的表演欲便开始释放了出来。

青年时期的郑榕虽然漂泊在外,但北平艺专学习油画打下的坚实基础仍然让画画与他热爱的话剧紧紧相随。最初是在 1943 年,19 岁的郑榕刚刚离开家来到西安,闻听一些学生为了给要去西安视察的蒋介石挖黄沙铺路,很多干苦力的年轻人被砸死了。郑榕就和一个朋友来到西安南门外,那个朋友站在那些被砸死的青年人的坟头旁,郑榕就给他画了张速写。当时已近黄昏,天空的晚霞照在了死去的年轻人的坟头上,凄凉的情景让郑榕刻骨难忘。

即便是 1945 年后在重庆胜利剧社过起了流浪的生活,郑榕仍然没有离开他喜爱的书和画画。那段时间他看得最多的是《长生殿》《人鼠之间》等剧本。这些剧本郑榕不仅一直保存至今,而且对自己爱看的剧本,比如美国故事《人鼠之间》,虽然看了无数遍,但每次他都会感动得落泪……除了看了很多书外,因为还管演剧队的服装、布景,所以他也给人家画过海报。业余时间仍然是画画,并且经常用画漫画来抒发

自己的胸怀。

走进"人艺"的郑榕,仍然对读书与画画情有独钟。除了早期为"人艺"歌剧舞蹈演出画大海报外,他还阅读收藏了很多当时国内出版的文学作品和珍贵的古典绘本。在"人艺"的几十年,郑榕的文学与修养都得到了不少提高,他认为这得益于身边环境对自己的影响。

进了"人艺",身边都是郭沫若、曹禺、老舍这样的大家,文学与修养的差距立即就显现了出来。尤其是于是之的一句话,更像无形的压力开始督促郑榕多读书多学习。

那是一次"人艺"组织去北戴河,刚放下行李,于是之就拿出一本书来看。郑榕看见后,也就跟着一起看起来。这样,慢慢就养成了书不离手的习惯。

大家都觉得于是之是个爱读书有学问的艺术家,但有一次,于是之因为工作原因接触了夏衍,回来后就对演员们说夏衍如何有学问,跟他们比起来自己真是什么也不懂。这句话给郑榕的触动很大,也是从那时候起,他似乎有了更大的动力要自己为自己补课。

他开始读更多类型的书,像《文心雕龙》《诗经》等。看不懂的就硬看,有时候看着书睡着了,书掉到了水盆里自己都不知道。郑榕觉得看书不仅可以丰富自己的阅历,同时也提高了对人物的理解能力,对解决表演方面的问题也起了重要的作用。

那时候,郑榕还爱看奥尼尔、海明威和威廉·福格纳以及剧作家田纳西·威廉斯的作品并开始做一些笔记。在他看来,海明威的作品给人求生的鼓舞,福格纳则带着怀旧的情绪。这两位作家性格虽然不同,但有一点相同,那就是对人类进入现代文明后丢掉精神传统进行反思,这是他们作品的主旨。分析这些作品中的人物,可以帮助自己了解人的思想,演戏必须"懂人",这样才能做个好演员。

他也看了很多历史书籍,比如别人请他写纪念康有为的电视剧,他就会找来康有为、张之洞等人的传记,还会买来满清的学术史来阅读。

在提高文学修养的同时,郑榕更是从来没有放下手中的画笔。他尤其喜欢中国古典人物画,并称"自幼喜爱美术,可以说是在演剧与绘画的双栖中度过一生的"。他还称"专家把中国画分为画匠时代和文人画时代,我爱的是古代画匠的人物画"。

郑榕画古典人物是从临摹开始的,自从"文革"前在《红楼梦》展会上见到《乾隆宠妃图》时临摹了一个十几岁的江南少女像后,山西芮城县的元代永乐宫壁画旁、故宫书画馆唐伯虎的《巴蜀宫妓图》前,或者是中国美术馆里,带着一个小夹子,或是站着,或是跪着,这就是郑榕临摹画的真实场景。此外郑榕也在美术馆临摹罗马尼亚、日本、法国等国的画,受美国《生活杂志》的影响,他还画过浓色的人物画。

1996年,在五大城市巡回展出的"中国名人名家书画精品展"中,郑榕的画作赫然在列。2002年,庆祝"人艺"成立50周年之际,"人艺"在首都剧场二楼"艺术家画廊"内为郑榕举办了个人画展。郑榕撰写的话剧表演艺术理论的文章更是一篇接着一篇在媒体发表。

晚年的郑榕仍然是书画"不离左右"。退休以后,读书、画画仍是他最大的爱好,没事的时候就爱练练画,看看书。现在他家的墙上挂着的那幅古代仕女图,就是他亲手临摹的。郑榕总爱说,书画使人长寿,习作书画能够摄心养性,使人精力充沛,对促进大脑思维的敏锐很有益处。

如今,郑榕虽已95岁,但仍然保持着他早已养成的持之以恒的读书习惯,而且只要听说哪里有旧书的再版,就会托人帮着买。他说这些书能让人产生怀旧的情结,仿佛自己的过去就在眼前一样。而且习作书画,持之以恒,能使人的情绪得以调整,调节了人的精神活动,又能达到消除疲劳和预防七情劳损的目的,不仅使人的审美情趣得以提高,同时又能得到一种艺术的享受,何乐而不为呢。

2．朗诵的风采

2000年,郑榕在香港中华文化城参加朗诵演出

喜爱朗诵和丰富的朗诵表演活动,不仅使郑榕独具的风采,更为他几十年的话剧人生增添了一抹亮丽的光辉。其实郑榕的朗诵天赋早在上中学时就已"显露",但开始"涉入"朗诵则是在中华人民共和国成立初期走进"人艺"之后。

中华人民共和国成立初期文艺活动非常普及,郑榕经常到学校、文化馆去参加朗诵会。有一天,他去北京图书馆的院子里朗诵马雅可夫斯基的《左翼进行曲》,当时台下的听众很多,反应也很热烈。郑榕觉得是听众的革命热情掩盖了他朗诵技巧的不足。

还有一次,是中华人民共和国成立初期时有一年的国庆节,一大早,他站在"人艺"灯市口排练厅的屋顶,眺望四周,红旗如海。大街上的高音喇叭正在播放他和朱琳、苏民、董行佶四人朗诵的《歌唱祖国》，不禁心潮澎湃。

有一个时期，电台组织朗读古诗，郑榕对乐府诗的浓厚生活气息产生了兴趣。因为扮演《雷雨》的周朴园时，就是从默诵《孔雀东南飞》体会到人物对侍萍的怀念之情的。后来他在电台朗诵长篇小说《六十年的变迁》时，还试用了评书的形式。

从20世纪60年代开始，继朗诵《六十年的变迁》之后，郑榕又先后在中央电台和北京电台分别播讲了《连心锁》《吕梁英雄传》《义和拳》《烟壶》等各类小说，让亿万听众在电波声中领略到他的朗诵风采。

1999年，拍完《中国命运的决战》归来后，经濮存昕推荐，郑榕受"纪念普希金诞辰200周年诗歌音乐会"之邀，为大会朗诵普希金的长篇诗作《渔夫和金鱼的故事》，这一年，郑榕已经75岁，但仍然出色地完成了全篇的朗诵，并获得好评。郑榕对此则称自己是"获得又一次成功的攀登"。

接到长诗《渔夫和金鱼的故事》后，郑榕开始背诵时感到有些吃力。当时他很担心，是不是自己的记忆力衰退了？一直到半个月后，他才突然悟到，普希金借老渔夫之口，猛烈抨击了恶性膨胀的个人野心。"她已不愿再当女皇，想成为大海的主宰！"这是贯穿全诗主线。立时提纲挈领，纲举目张。以后背诵起来便顺畅多了。

郑榕终于逐渐清晰地看到，这是自己的又一次攀登！他告诫自己，决不可抱着老年隐退的心态，满足于背诵了事。于是，他又仔细地揣摩了老渔夫的心情变化，并注意渲染客观环境的衬托作用，以努力使艺术语言形象化，把诗人的思想明白无误地传达到观众心中。

舞台之光　郑榕传

演出的次日，组织人亲切地告诉郑榕，观众反映《渔夫和金鱼的故事》读得不错。紧接着他又听说《北京晚报》还登了濮存昕和他的照片。

这时，郑榕心里的一块石头才落了地。不由想起有人说过的一句话："由于使命的驱使，内心的召唤，人有时是能够创造出奇迹的。"想到这儿，他更加感谢这次普希金诗歌音乐会让他获得又一次成功的攀登。

"纪念普希金诞辰200周年诗歌音乐会"之后，郑榕又"身不由己"地参加了多次朗诵会，他身体里爆发出的朗诵风采也越发绽放出耀眼的光芒，就如他回忆所说："从此不能自已，后来又相继为《唐宋名篇音乐朗诵会》朗诵了杜甫的《茅屋为秋风所破歌》、苏轼的《梦中得句》，还朗诵过老舍的《想北平》等。"

2000年，香港中华文化城约请郑榕去港参加朗诵演出，由时任文化部司长的王文章领队。参加者除指挥余隆，主持人方明，以及孙道临、乔榛、丁建华等原班人马外，还有李默然、王铁成、焦晃……可谓阵容强大。

他们在香港演出两场，珠海演出一场，都是备受欢迎。香港《文汇报》作为主办者之一连日发表全版介绍的文章和照片，并对每个人都给予了赞誉评价。对郑榕的评语是"出神入化"。

这一年，郑榕还去了深圳、成都两地演出。为纪念一二·九运动，他又应邀去北京大学礼堂朗诵《示儿》，12月底，又在音乐堂演出10场。这时，郑榕觉得自己该向组织人姜江表示告别舞台了。

考虑到郑榕的年龄和身体情况，姜江只得依依不舍地说："我们将少了个宝贝！"最后一场演出结束时，全体演员为郑榕送上鲜花,以示别意。面对大家深厚的友情,郑榕自是激动不已。

没想到2007年,姜江又打电话来要郑榕去朗诵《想北平》,郑榕说了身体情况,姜江却说:"坐轮椅更有风度。"于是郑榕又去天津大剧院、北京音乐堂演出了3场,接着他又和李默然、杨再葆为纪念抗震救灾大型晚会《向祖国报告》集体朗诵。

多年的朗诵演出活动也让郑榕在不断总结和体会中得到更多的收获,说起来亦是朗诵的经验。对此,郑榕更是谦虚。他说自己在这方面的一点儿心得体会都是在读台词和读小说中摸索出来的,不少是总结失败的教训。概括地说,就是要遵循生活中语言的规律。他把这些归纳为以下几个方面:

一、语言是动作,思想先于语言。生活中的语言是这样产生的:人在特定的思想背景下,针对具体对象,产生一个愿望,愿望支配发音器官发出声音,声音通过听觉器官被听者接受,反映到思维中便明白了对方的意图。在这个过程中,愿望和对象是决定声音行动的主要条件。

有些初学朗诵的人往往忽略了这一点。因为他们首先接触的是纸上的铅字,很容易图解文字,即拿框框去套,见"喜"字就高兴,见"悲"字就伤心。这是本末倒置,颠倒了动作愿望与语言的先后关系。因此,他们的朗诵就失去了真情实感,只是一种情绪的表演。

二、小溪飘落叶。一个人所说出的话往往只是大脑里的想法的十分之一,而一句话中往往有多重含义。打一个比方,思想是一条小溪,那么语言就是漂浮其上的落叶,叶随水走。语言的语气、转换、高低等都取决于思想。这就要求朗

诵者首先要找出语言背后的东西——蕴含的思想,也就是语言的核心所在。

分清语言的"虚""实"部分(语言根据动作愿望都有一个核心,就是"实"的部分,其他附属字句则是"虚"的部分)。朗诵要注重"实"的部分的把握,"虚"的部分只需轻轻带过,不必进入大脑。朗诵者只要抓住思想动作的变化,自然就有了语调的变化,自然就有了真情实感。

三、用声音画画,大多数作品都是通过形象来表达思想情感的,如何使具体形象再现在听众面前呢?有一句话说得好:与其说朗诵是给对方的耳朵听,不如说朗诵是给对方的眼睛看。朗诵是运用有声语言对作品进行再度创作,给听众一个视像感觉。这就要求朗诵者首先自己头脑中要有具体形象,其次要练习语言表现力,如运用语调的丰富变化表现出对象的特点、色彩、环境氛围等。

四、用声音搭房子。朗诵不能只读标点符号和重音,为避免语调的重复平滞,语音要有多层次的表现。这就要求朗诵者根据生活中语言的规律,使语音艺术化、立体化,做到绘声绘色、多彩多姿。

五、蛋糕要切开来吃。朗诵切忌囫囵吞枣,一片情绪。整体思想只能通过一系列细微行动去体现。朗诵者要学会分割语言动作,动作分切得越细,朗诵表现就越深。

郑榕表示,希望他归纳的这几点,能够给广大喜爱朗诵的朋友一点儿启发。

无论是表演朗诵,还是对朗诵的体会与归纳,无疑都让我们看到一个表演艺术家几十年话剧人生的又一个闪光点。

3. 恩爱情缘

1976年,唐山发生大地震,已经与第一位妻子离异10年,独自带着女儿郑小川生活的郑榕搬进了地震棚。也是在这个时期,郑榕与铁路文工团话剧团演员陈秀英结识并组织了新的家庭。

和郑榕一样,陈秀英也经历过一次失败婚姻,并育有两个儿子。她是铁路文工团话剧团的演员,虽然比郑榕小9岁,却在11岁时就考入了东北电影公司演员剧团,经历了解放战争后又参加了抗美援朝。因

郑榕与妻子陈秀英结婚照

此,相比于郑榕漂泊的青年时代,陈秀英不仅小小年纪就参加了革命,更是主演过《三千里江山》《十二次列车》《杜十娘》等40多部话剧的国家一级演员。

几十年来,郑榕与陈秀英一直和谐幸福地生活。夫妻二人还共同合作演过好几部戏。因此,郑榕也称自己是在住地震棚时,得到了一份恩爱情缘。

2001年,郑榕的身体开始出现了"状况",他先后得了急性冠心病、脊椎弯曲、股骨头坏死等疾病,并做了几次大手术。妻子陈秀英一直不离身边悉心照顾,这让郑榕感到很知足,也很幸福。

提起晚年的生活,郑榕也十分感谢妻子陈秀英的关心和照顾,他说:"陈秀英人很好,能理解人容忍人,几十年来一直关心照顾我。特别是在2001年后,在我几次得病做手术那些难挨的日子里,多亏了身边的妻子知冷知暖、关心体贴地照顾。孩子们也都很好,尤其是离得最近的大儿子和大儿媳,对我们照顾得最多。"

陈秀英说:"我与郑榕相识时,他年龄比我大了9岁,还背着'国民党少校'的历史问题,但是人稳重踏实,一看就是靠谱的人……如今我们的年岁越来越大,我更觉得我有一份责任,关心他,照顾好他的生活。"

如今,郑榕与陈秀英已共同携手走过40多年,女儿已在美国定居,两个儿子也事业有成。他们家庭和睦,子女孝顺,还多次被评为"五好家庭"。

郑榕与妻子、女儿、女婿在美国

4. 难忘恩师焦菊隐

焦菊隐是中国著名的话剧导演,更是郑榕心目中十分敬佩和无限怀念的恩师。因此,晚年时已93岁的郑榕,在为北京海淀区北下关街道"胡同里的百家讲坛"开讲时,仍然表达出他对恩师的深情:"想向大家介绍一下现在百年巨匠的展览里头,有一个叫焦菊隐的人,他曾是'人艺'的总导演,也是我的老师。我原来什么都不会,在学校里功课也不好,我能到今天,主要是幸运地得到焦老师给我的教导。焦导演是个话剧导演,但是他的一生很特殊,他在中国话剧最繁荣的时期,也就是抗战时期在重庆,没有人请他导演,他写了很多书,翻译了好多书,就导过一次戏。"

接触焦先生后,郑榕才知道,焦先生从小生活在北京,他的曾祖父,就是当年被慈禧太后贬掉的八大臣之一,从那以后他们家就完全过的是北京市平民的生活。

郑榕在苏联专家指导下塑造的布雷乔夫

虽然年幼家贫,但焦先生聪明勤奋。在中学时期就由于成绩优异提前一年毕业,保送到燕京大学。后来他还留学法国,会四国文字。大学毕业后,焦先生当了三年北京市戏曲专科学校的校长。当时的北京市戏曲专科学校就是除富连成以外第二个大的传统戏曲学习的地方。在这期间,焦先生认真观摩,热心拜师,和学生们一起钻研揣摩,大胆采用了新的教育制度和教学方法。毕业生中有一大批后来成了著名京剧演员,焦先生也获得了丰富的知识和经验。

焦菊隐先生的这一段经历,也让郑榕看到,熟悉老百姓的平民生活和懂得中国戏曲学问的两个特点,造就了焦先生和别的中国话剧导演不同的地方,也是他对中国话剧民族化探索方面做出卓越贡献的原因之一。

郑榕还看到,焦先生来到"人艺"以后,只通过一段排戏,就发现了中华人民共和国成立以后话剧的两大毛病。一个

舞台之光 郑榕传

是不注重外部形象，一个是表演情绪。焦先生认为这个有问题，因为演戏不能离开外部表演，表演情绪，对观众没有打动，没有帮助，这是走着一条错误的路。于是他就提出来体验生活，而体验生活就不能光谈人的思想，离不开人的外部表现，这是很大的一个转变。

比如在《龙须沟》演出之后，苏联专家库里涅夫来中国办"表训班"，并到"人艺"蹲点。苏联专家讲课时，焦先生是最用功的人，他拿着笔记本一边听一边记。苏联专家在黑板上写"动作等于愿望加目的"，就是我要干什么，我对谁，这是两条动作主要的内容。演员就只考虑这个，不许考虑别的。上场来不管演《雷雨》也好，演《茶馆》也好，你要跟对方交流，你要知道对方是个什么人。就把这两点弄清楚了，别的什么都不要演，什么都不要管，不像过去表演情绪看书什么的，这个都不要。

焦先生这时才明白了当初从外国的书上翻译过来的那么一些东西也就是行动。但是当时了解得不全面，这回通过苏联专家讲课，他了解了什么是形体动作方法及怎么克服表演情绪。而且紧跟着他又发现了这个表演方法是中国戏曲里头特别有的，这一下就转入了民族化。

焦先生还认为，戏曲不像话剧那样在介绍事件过程中浪费时间，而是在人物的思想感情上下工夫。不像话剧表演那样死憋情绪，而是通过一连串动作细节来揭示细致复杂的内心活动。而这恰恰解决了长期以来存在于话剧表演中的"内心体验"派和"外部体现"派不可调和的矛盾。

后来库里涅夫在"人艺"老院长欧阳予倩带领下去戏曲学校看学生练功排戏时，也惊喜地说："这就是我要找的内外结合的典型！"

1957年全国话剧会演时,许多外国朋友表示,他们来是想向中国戏剧的表演方式学习的,但是在中国话剧中,看不出话剧向民族戏曲传统学习的任何痕迹。而焦先生正是在这一年通过《蔡文姬》《武则天》《虎符》《智取威虎山》等剧进行了学习戏曲试验的排练,使戏曲表演中"简化生活,突出意境","通过行动,揭示内心"等特点在话剧艺术中扎下了根。

　　后来到了20世纪80年代《茶馆》出国演出后,郑榕从西方人士强烈的反响中看到,他们十分中肯地指出了焦先生在话剧艺术中的两大成就。即成功地把中国戏曲艺术的精华吸收运用到话剧中来,以及解决了长期以来话剧表演中"内在"与"外在"的矛盾。

　　郑榕认识到,焦先生导演中国话剧最突出的一点,就是把中国戏曲表演的规律用到话剧的表演里。他认为这是一个很大的改变,这就是向民族戏曲学习。

　　焦先生还说过,斯氏晚年所追求探索的形体动作方法,很可惜没有由他亲手完成。但他却坚定相信,中国戏曲在这方面的经验不但很丰富、很成熟,而且已经达到了灿烂的程度。这是中国戏曲在世界范围内独特的成就。作为话剧工作者,不只应该刻苦钻研学习斯氏体系,并且更重要的是,要从戏曲表演体系里吸收更多的经验,来丰富和发展我们的话剧,完成斯氏未能完成的伟大事业。他相信,如果我们好好向戏曲学习,这个事业我们是可以完成的。那么,我们将对人类文化作出极大的贡献。

　　郑榕认为,当年焦先生的追求、探索及努力已经在他执导的几部话剧中取得了不小的成就,只是最后还没有得到完整的理论,因为还在试验中间,就"文革"了。

2015年,适逢焦菊隐先生诞辰110周年,为表示对恩师的怀念和敬佩,郑榕先后发表了《话剧表演的民族化试验之路——纪念焦菊隐先生诞辰110周年》和《焦菊隐的导演艺术——纪念焦先生诞辰110周年》等文章。

从"原来什么都不会,在实践摸索中幸运地遇到了焦菊隐先生",到卓有成就的表演艺术家,郑榕一直十分敬佩焦菊隐先生,难忘焦菊隐先生,并把恩师焦菊隐先生视为前方的一座高峰,一个永远的引领人。

□5.回忆老舍先生

老舍先生是我国著名文学家和剧作家,生前曾为"人艺"创作了多部话剧,也曾与郭沫若、曹禺一起被尊为"人艺"的三大剧作者和六大奠基人之一。郑榕更是曾经主演过老舍最具影响力的话剧代表作《龙须沟》与《茶馆》的"人艺"著名表演艺术家,因此,在他的心目中,老舍先生更是一位对祖国和人民有着深厚感情的剧作家。

郑榕认为,老舍先生之所以能够写出《龙须沟》与《茶馆》等充满生活气息的精彩作品,首先离不开他出生和生活的19世纪最后一年和20世纪的前66年,那是包括了新旧两个截然不同时代,而他则是这两个时代变更的见证人。

再有就是老舍先生对祖国、对人民、对北京的情感了。从"七七事变"爆发后只身离开济南赴武汉参加抗日;到日本投降后受美国国务院的邀请,与曹禺先生一同赴美讲学;再到1949年接到周总理邀请他回国的来信后,返回日夜思念的祖国。老舍先生经过50年的颠沛流离之后,经过了死活无人过问、随时有遭逮捕的黑暗之后,终于回到了他的故乡北京。终于能够为他的老乡们,为他的故事的主人公们安排新的生活了。

回到北京后不久,老舍先生就创作了北京生活题材的著名话剧《龙须沟》。他说,不管在哪里,他还是拿北京做他的小说背景。因为闭上眼睛他想起的北京,是要比睁着眼睛看见的地方更亲切,更真实,更有感情。老舍先生在会上发言时心情激动,因为他感到了彻底翻身的愉快,而这种欢快的翻身感成了老舍先生中华人民共和国成立后作品的主要基调。

郑榕与老舍先生最早的接触还是在当年"人艺"排《龙须沟》时,第一次就是和老舍先生一起去龙须沟体验生活,印象最深的是老舍先生对龙须沟的生活体验竟与大家截然不同。

当演员们来到天桥,穿过一溜小胡同出来后,就看见一片荒郊野地。因为离天桥近,那一带手工业比较兴盛,像什么锁扣眼儿的、接袖头儿的、焊镜框儿的等,总之,整个就是一个旧社会的实物真景儿!于是,下到龙须沟体验生活的演员回来就说,哎呀,那地方真是又脏又破,哪有点儿新社会的样儿呀!

但是老舍先生的体验却与大家截然不同。因为腿脚不太好,老舍先生下龙须沟体验生活虽然不多,但他说出的话却十分令人寻味,他对大家说,你没看见?这里没有闲人,这在旧社会可不易。有这点儿收入就能支撑半个家。这虽苦,比挨饿可强得多。

郑榕记得当时他听了老舍先生的这番话,不由自己琢磨了好长时间。

郑榕还忘不了的是,老舍先生不但剧本写得好,朗诵也

很好,尤其是朗读他写的剧本,不但声音好,还带着感情。

那时,老舍先生不但为"人艺"写了很多剧本,写完了剧本后,还特别喜欢亲自朗诵给演员听。所以在郑榕的记忆中,老舍先生创作话剧,还有一个最大的特点,就是喜欢自己亲自给演员们朗读剧本。

老舍先生朗读剧本时,嗓音特别浑厚好听,朗诵起来绘声绘色又感情饱满,一下子就把演员们吸引住了。不管是哪一部话剧的剧本,一经他读过,里边的人物立马就活了,所以大家都很爱听老舍先生读剧本。

此外,老舍先生一边为大家读剧本,还一边做着肢体动作,连读带比画,有时甚至站起来做示范。演员们看着他的不同的手势,怎样吐字,语速的快慢,还有轻音和儿化音,慢慢地就会找到表演这个人物的感觉。所以只要一听说老舍先生有新剧本要朗诵,演员们大都是不请自到,争着来听。

印象最深的是老舍先生对《龙须沟》中丁四嫂这个人物角色的朗诵和对演员的点拨。他记得当时老舍先生站在扮演丁四嫂的演员叶子面前,一边朗诵一边帮她分析说,丁四嫂这个人物很不好把握,她嘴硬身子强,但是心地善良。通过她骂孩子以及和丈夫吵架,表现出她对环境的无奈和对亲人的关心。但如果表演过了头,就会演成泼妇。

看着叶子不断点头,老舍先生又接着分析说,她看起来是个平常人,可是挺有劲儿,拿80斤的东西也不费力。头发这边一条那边一绺,有时扣子扣得不对,可能一脚穿着鞋一脚趿拉着。后来叶子因为演丁四嫂成功,被选为北京市东城区人民代表。

《龙须沟》演出成功后,北京市人民政府授予老舍先生"人民艺术家"的光荣称号。

如今,老舍先生已经离开他热爱的话剧,他熟悉的"人艺"50 余年了,郑榕也从当年出演《龙须沟》赵大爷的 28 岁青年演员成了耄耋之年的老艺术家,但无论是老舍先生的音容笑貌,还是他的《龙须沟》和《茶馆》,都成了郑榕的难忘回忆。

6. 怀念周恩来总理

自从 1945 年抗战胜利时在重庆见到周恩来总理后,在以后几十年的话剧生涯中,郑榕不仅多次见到周恩来总理,更多次亲聆周总理教诲。因此,无论是周总理对"人艺"发展建设的关心,还是对演员们成长进步的鼓励,都让郑榕终生难忘和深深怀念。

印象最深的是周总理的握手。郑榕记得,周总理一向对"人艺"十分关心。那时,差不多的"人艺"演出他都看过,而且提了很多宝贵的意见。当然最难忘的还是那时周总理上台和演员握手的情景。他说,周总理握手时,总是用力一按,然后往他怀里一带,使你感到力量倍增。他的目光是坚定的,像是一下便看透了你的心,让你感到,一经他的目光,你便永远留在他的记忆中,再也不会被忘记了!

郑榕还忘不了的是在 1953 年的除夕,周总理和刘少奇等中央领导同志在北京剧场看《龙须沟》。当时的北京剧场因为原来是一座电影院,所以没有后台和副台。周总理散戏后到后台向大家拜年时,听到大家反映了剧场的问题后,就亲自到舞台前后包括地下室的化妆室看了一遍。之后不久,在周总理的关怀下,北京剧场不仅变成了一个崭新面貌的首都剧场,而且正式移交给了"人艺"。

还有一次是在1959年秋天的一个夜晚,一个外国文化代表团在首都剧场的演出结束后,周总理把"人艺"的同志留下来询问院内的情况。大家告诉周总理,史家胡同盖了一幢新宿舍楼和一个排演厅。周总理听了,很高兴,当时就表示,跟大家一起看看去。于是周总理和"人艺"的同志们肩并肩地步行到史家胡同56号。

那天一直到深夜2点多,周总理才和大家亲切握手告别,郑榕和所有演员们一样,心潮久久不能平静。

郑榕还记得,周总理曾前后三次看过《雷雨》。第一次是1961年,当时正值国家三年困难后期。后来是周总理从外地视察归来后接连两次观看了《雷雨》的演出。

有一次散戏后,周总理在剧场小客厅召集全体人员讲话,郑榕记得参加的人有夏衍、曹禺,导演夏淳,还有演员朱琳、胡宗温、于是之、狄辛、沈默、董行佶、李翔和郑榕本人。

周总理询问了那次重新上演的排练时间后,就语重心长地提出了提高质量的问题,并指名道姓地对每个演员都提出了具体的要求。

周总理还对郑榕演的周朴园提出了要演得更深刻些的希望。这深深震动了郑榕。从此,郑榕不仅对读台词、基本功训练开始重视,而且认真研究了话剧艺术的规律性。他说,那一次总理的教诲一直记忆深刻,可以说指导了自己后来几十年的艺术实践。遗憾的是,多年以后,当郑榕和同志们终于纠正了周总理当年给他们指出的缺点时,周总理已经不能亲自来看他们的演出了。

"四人帮"被打倒后,"人艺"的演员们自发组织了一次朗诵晚会,隆重纪念周总理逝世一周年。晚会上,郑榕以一篇自己创作的以周总理在"皖南事变"期间支持《新华日报》的报童上街斗争为主要内容的革命故事《山城火炬》登台朗诵，以表他对周总理的深切怀念。

后来郑榕创作的这篇《山城火炬》还被编入人民文学出版社出版的《世世代代怀念周总理》一书中。不久，郑榕又出演了电影《丹心谱》和《周恩来》，1995年，郑榕又参加了《人民日报》社和杭州市委在杭州电视台举办的"周恩来之夜"晚会的演出。每一次演出，郑榕都把自己最真挚的感情献给了他深深敬爱的周总理。

郑榕在纪念周总理逝世一周年晚会上朗诵

如今，周总理已经逝世40余年，但在郑榕的心中，周总理的形象依然那样高大，令人怀念。就像他说的那样，周总理走了，但我觉得他离我们不远，他仍然活在我们心中。

7．依然在前行

2017年3月1日，郑榕的一篇名为《我对中国话剧的自信从哪里来？——纪念中国话剧110周年》的文章在中国艺术报发表。文章中，郑榕从1940年上演的话剧《日出》开始谈起，将自己在70余年间亲自观看或演出过的话剧《家》《蜕变》《龙须沟》《布雷乔夫和其他的人》《虎符》《蔡文姬》《武则天》的创作和演出的过程一一列出，以表达自己对已经诞生110周年的中国话剧成长发展的自信。

舞台之光 郑榕传

晚年的郑榕在演讲台上

我们更可以从中看到,无论是20世纪40年代老观众回忆他们"半夜里去排队,收入少,买站票。重庆的话剧提高了我们的文化水平和艺术欣赏能力,陶冶了我们的心灵,使我们知道什么是真、善、美,使我们思考活着应该做一个怎样的人"。曾任英国皇家剧院导演的彼得·布鲁克对《茶馆》的评价:"看了你们的戏,明白了你们所说的民族形式与现代剧结合是什么意义。"这是对中国话剧向中国传统戏曲学习,走民族化路线的最好总结。

而郑榕历经多次社会变革,目睹中国话剧艺术发展的曲折与艰难的半个多世纪的话剧生涯,不仅让他完成了这篇对中国话剧110年来发展历史的最好总结,更给予了他对中国话剧自信的源泉和力量。就如《中国艺术报》编辑在该文章前言所说:"2017年,中国话剧诞生110周年。《日出》《家》《蜕变》《布雷乔夫和其他的人》《龙须沟》《虎符》《蔡文姬》《茶馆》……从第一次看,到自己演,再到潜心钻研,93岁高龄但依然执着中国话剧发展之路的'人艺'老艺术家郑榕,用他的特殊方式见证着中国话剧百年成长之路,借助'人艺'这条'挺住了的脊梁骨',他与中国话剧人一起,坚守着话剧民族化中国化的自信之路。"

习近平主席于文艺座谈会上讲话中指出,中国精神是社会主义文艺的灵魂。在党的十九大召开的形势下,郑榕的《我对中国话剧的自信从哪里来?——纪念中国话剧110周年》一文立即引起了广大艺术工作者的共鸣。很快,"人艺"院刊进行了转载,网上点击率也达到了9万多,诸多媒体记者更是纷纷前来采访,以"一睹"这位在耄耋之年仍然坚守中国话剧民族化之路的老艺术家的"风采"。

同年5月,郑榕又在《中国文艺评论》发表了《演剧与认路》,文中再一次表达了自己认定中国话剧走民族化方向的决心:"焦菊隐导演发现,戏曲给他思想上引了路,帮他认识体会了一些斯坦尼斯拉夫斯基所阐明的形体动作和内心动作的一致性。符合规定情景的外部动作,可以诱导正确的内心动作,在这一点上,我们的戏曲比斯坦尼斯拉夫斯基的要求更为严格。在此基础上,焦菊隐进行了他的'民族化'试验……可以说以上这些努力都为建立具有民族形式和民族风格的中国演剧学派提供了可贵的养分,而这也是我认定的方向。"

这两篇文章,无疑表达出郑榕认定中国话剧走民族化方向的决心。其实早在2007年中国话剧百年之际,他即完成了《三问曹禺院长》。之后他又相继发表了《"北京人艺":昨日—今日—明日》《外来戏剧风格的本土化与民族化》《心中有戏:张火丁对话剧艺术的启发》《焦菊隐的唯物辩证法》等多篇文章。在这些文章中,无一不表达了郑榕认定中国话剧走民族化方向的决心。

舞台之光　郑榕传

郑榕肖像照

　　同时自 2010 年始,郑榕还获得了诸多荣誉和奖励。首先是参加了中央电视台除夕晚会,获中国话剧金狮奖;2013 年,郑榕与秦怡参加了中央电视台"六一晚会",获中国文联、中国戏剧家协会颁发的"终身成就奖";2016 年,郑榕参加北京电视台"光荣绽放"栏目;2017 年,郑榕参加中央电视台"向经典致敬"栏目,为北京海淀区北下关街道主讲"胡同里的百家讲坛",获第 7 届国际戏剧学院奖授予的"终身成就奖";2018 年,郑榕已发表的理论文章归集为《谈演剧》被列入中央戏剧学院教材书,由教育出版社出版。

　　提起这些,95 岁的郑榕对中国话剧说得最多的还是要不断学习的问题。就像他曾对记者说过的那样,"把所有的精力集中在研究、传承焦菊隐方面","晚年我还是肯学,比如关于中国戏曲、文化方面跟西方现代主义怎么挂钩,也在拼命学"。

　　他说:"原来我对自己没有那么大的自信,演了一辈子戏,到了晚年,我才弄懂了一点儿东西,我的晚年,比很多人都幸运,我赶上了好时候,我的晚年受到这么多的肯定,这条路走过来,我没有走错。虽然我已经95岁了,但我还要不断学习、钻研,为中国话剧做一些事情。"

在中国话剧舞台拼搏了几十年的老艺术家,依然在奉献,依然在前行。